□ 不知火書房

忘れえぬ子どもたち

ハンセン病療養所のかたすみで

藤本　フサコ

校庭の花壇の手入れ（昭和44～45年頃）

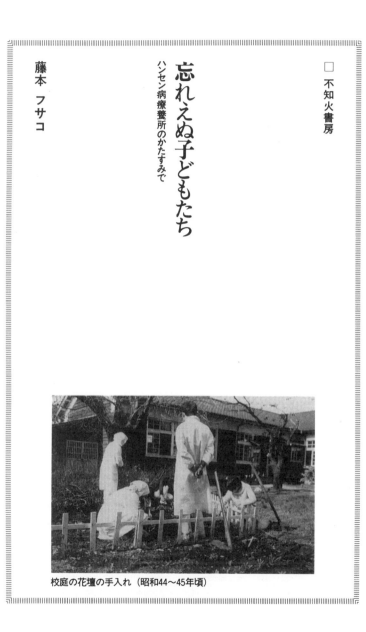

『忘れえぬ子どもたち』と藤本先生

中山 節夫

一気に読み進ませる藤本先生の『忘れえぬ子どもたち』。この切なさ、このあたたかさは何だろうと、行を追っているうちに分かった。藤本先生の目の位置が、子どもたちのそれと同じ高さであることが。それ故、捉え難いこころ、見えにくい翳《かげ》りの部分までが実に鮮明に先生には見えていることが。

幼くても、この病気であるが故に、しっかりと自分で自分をささえなければならない子どもたちを前に、先生は時に感情が極まって教師であることも忘れて涙を見せるようなところもあるが、教師だからといって子どもの上に位して教えるばかりではない筈だ。お互いに魂を触れ合い、じかに感じ合いながら泣き笑う――それでいいではないかと、自分の感情に素直になる。そうすると子どもたちも、自分の心を解き放ち、思いを直球で投げてくる。そこには、今日希薄になったと言われる人と人との心からのふれ合いが、生き生きと育っていた。

先生は、教師としての授業のよしあしよりも、もっと授業以前のものに深くこだわっていた、と言われる。冷静な教育者として中心に置かれたことは、決して指針を誤らないこと。軍国主義教育を身をもって体験された筆者が、教育は人間形成であるが、まさにそれ故に国作りの基本であることを常に念頭に置いて、子どもたちに平和の大切さを説き、将来に夢をつなげていけるように諭し続けられたことは、彼らの言動からもうかがい知ることができる。

草や木、小さな魚や虫たちにも、自分たちと同じ精一杯の命が宿っていることを、目を輝かせながら一つ一つ学んでいく子どもたちが、「俺たちのことは、だーれもわからんもんね。お医者さんだってわかりはせんもん」と、ふっと漏らした言葉は、この病気が子どもたちにとって担いきれない重圧であるにもかかわらず、必死で自分をささえている心の奥を、余すところなく語っている。

わが背なに悦子がぬくみ伝い来て切なく今しこみ上ぐるもの

と詠まれた先生は、この子どもたちは此処で終わるのではない、近い将来、必ず社会に出て健全な生活を営むためには人一倍の精神力が必要であろうと、将来を見据えた愛情をかけていられる。

誰よりも子どもたちの幸せを願われた藤本先生と共に、病気による不幸以上に、幼くして差別と偏見に耐えてこられたこの人たちが、名実共に幸せであることを願わずにはいられない。「らい予防法」ゆえに、白衣を着せられ、長靴をはかされ、休み時間にも子どもたちとたわむれることを許されず、清浄区の職員室に帰らざるをえなかった藤本先生の無念さが、全編から迫ってくるのを感じる。(映画監督)

忘れえぬ子どもたち　目次

忘れえぬ子どもたち

ハンセン病療養所のかたすみで

1　年賀状

――謹賀新年　昨年は出産のため病院でお正月をむかえましたが、今年は家で四人そろってむかえています。茂も一歳になりずい分歩くようになりました。毎日ふりまわされています。光子も三歳でよくおしゃべりをします。また写真を送りますすね。今年もどうかよろしくお願いします。

――昭和六十三年の元旦は実におだやかな朝であった。私は若い人達と一緒に近くの山に登ったりして楽しんだ。お正月気分もやや薄れかけた五日になって届いたのがこの年賀状であるが、子育てで忙しい中によく書いてくれたなあと思いながら、私はその文面を繰返し繰返し読んだ。思わず熱いものがこみあげてきて、その後は言い知れない安堵感となって私の心を和ませてくれた。

あの悦子がねえ……。私には未だ幼かった日の彼女の面影が焼きついて離れないのに、もうすでに二児の母親としての毎日を送っているのである。前年の二月には、次のような手紙ももらっていた。

――今年のお正月は出産で入院していて年賀状を失礼いたしました。たしか先生からも年賀状が来ていなかったようでしたので、とても心配しておりました。毎年いただいていたので何か体の具合いでも悪いのではないかと思いつつ、とうとう今になってしまいました。

――去年の十二月末に男の子が生まれ、名前は茂です。長女光子もこの九月で三歳になります。先生にいただいた洋服が今やっと着れます。元気でいらっしゃることを心からお祈りいたしております。

手紙と一緒に、母子三人を夫に撮ってもらった写真と、光子に御飯を食べさせている写真が同封されていた。子どもにものを食べさせている時どの母親もが無意識にする、子どもと一緒に口をアーンとあけてじっと口元を見つめている、あの紛れもない母親の顔である。

それら二枚の写真を私はまるで宝物のように大切にしまっている。というのも、かつて数年間ハンセン病の療養所で共に過ごした悦子をはじめとする数人の子ども達は、私にとってはわが子のように今もなお気になっている存在であり、子どもの時から早く社会への復帰をと切に希い、人並みの幸せを摑んで欲しいと思い続けて今に至っているからである。

翌平成元年の二月にはまた悦子から写真が送られてきた。光子は姉らしくカメラに向ってポーズを取るまでに成長し、茂はまだあどけない目をしていながらも何となく男の子らしく育っていて、当の母親悦子はすっかり落着いて写真に納まっていた。手紙には、「わたしもいつの間にか三十三歳になりました。ほんとに夢のようです。先生がいつまでも私を忘れないでいて下さることがほんとに嬉しいです。いつかみんな集まるようなことがあればいいなと考えています」とあり、「夫の故郷に子ども連れで一週間帰り、わたし一人が寒い寒いと言っていました」と書き添えられていた。

正一という一歳上の夫の一度写真で見たガッシリした頼もしい姿と、悦子が優しい人と書いてよこしたこととを思い返しながら、私は「子どものことに振りまわされていても旦那さんを大切にしなさいよ」と返事の最後に書き添えたことを思い出したりした。

ハンセン病療養所に入所する人達の大方は、入所したら名前を変えて別名で呼ばれる。子ども達もそうである。そして社会に復帰しても、決して深追いはしない。

悦子は今、社会人として人並みの幸せを摑んでいるようだし、まだ幼なかった頃の面影を残しながらも女として母としての貫禄も備えてきた。そんなことを独り考えながら、私は写真の二人の子達を抱き上げたい思いにかられるのであった。

私は昭和三十七年から四十六年まで足掛け十年間を共に過ごした十名ばかりの子ども達のことを次から次へと思い起こした。

いいお姉ちゃん振りで落着いた感じのたつ子とけい子、賢くて時に辛辣なことを言った一男、腕白ざかりの隆、あまり目立たないが時にアレッと思うようなことを言った信男、希望していた看護婦になったとし子、活発な容子、「わたしの結婚式には先生きっと来てね」と言った愛子、黒髪の美しいお姫様に憧れて美しい簪をいっぱい挿した絵ばかり描いていた幸子、ユニークな発想をした清子……。私は悦子からの年賀状をきっかけにして、当時の手記を取り出して読み返してみた。そこには今はもう忘れてしまったことまで克明に記されていて、読み進むとその一つ一つが二十年近くも経過したとは思えぬほどの鮮明さでありありと瞼に浮かび、私は夜の更けるまで読みふけった。

私とこの子ども達との出合いは、教師としてはすこし異例なケースであった。私達年輩の者がその過去を語る時、決して避けて通ることの出来ない、かの第二次大戦にまで遡らねばならない。

　当時私は村の小学校の教師として、銃後の国民のすべてがそうであったように食糧増産に励み、空襲下児童を引率して来る日も来る日も草取りに精を出しながら、さかんに「撃ちてし止まむ」の軍国精神を鼓吹していた。しかし、ひそかに怖れていたように、戦争は広島・長崎への残忍極まる原爆投下によってついに悲惨なる終止符が打たれた。

　私は戦争が終ったこと自体は正直言って嬉しかったが、しばらくは崩れるような虚脱感にさいなまれる日が続いた。そして時がたつにつれて、幾多の尊い生命を奪ったこの戦争の残酷さ、空しさ、それに戦争の遂行に我々教師の果たした役割がいかに大きかったかを痛感すると、耐え難い思いにかられた。

　そのうちに私は学校を辞めようと思うようになった。ちょうど外地派遣教員として張家口に出向して現地召集されていた夫が辛うじて帰国出来たこともあって、私は翌二十一年三月退職した。女子師範卒業後満十年間勤務、二十九歳であった。

　その後は食料の自給自足のために、馴れない畠仕事を見よう見まねで数年間続けた。食料事情が落ち着くと農作業はやめたものの、私はすっかり一家の主婦として日常の生活に追われた。そして子ども達のためにこれから奮発しなければならないという折も折、夫が病を得て還らぬ人となってしまった。満四十六歳の五月の終りであった。死後の事については気にかかっていたに違いないのに一言もふれず亡くなってしまった。後には大学在学中の長男と大学に入学したばかりの長女、それに高校進学を控える二女との母子四人が残された。

夫の死は突然というわけでもなかったが、私は事後のいろいろの処理に心を奪われて将来のことについて考えるゆとりも持てぬままに、亡き夫を繞るたくさんの方々の暖かいご援助があって教職に復帰することになったのである。

私は二十一年に退職以来、敗戦国民としてまことにきびしい生活の中、ただ何かを必死にしていたいような、またしなければならないような明け暮れであった。その間PTAの役員をやったり、婦人会に関係したりする普通の主婦で、十六年もの空白を持つ身で再び教職に就くことが出来たのは全く異例の配慮に依るものであった。採用に当っては、自分の息子のような若者と一緒に、とまどいながら保健所で検査を受けたことなども、まだありありと思い起こすのである。

ともあれ、夫の死後一カ月と経たない六月末には、私はこれから始まろうとする教師としての生活に多大のとまどいと不安を抱きながら、自分の悲しみを振り切るようにしてとにもかくにも教壇に立つこととなったのである。もちろん臨採であった。

2　セイジョウチタイ

私が勤めることとなった学校は小中併設で、小学は合志《こうし》小学校の、中学は合志中学校の分校になっていた。私の方は合志小学校恵楓園分校と呼ばれて、教師は私一人、中学は男女合わせて四名の教師で合計五名、それぞれ本校からの派遣教員という形となっていた。卒業、入学、始業式、終業式等には両方の校長が来られるし、また本校の大きい行事や職員会議等には私達も呼ばれて出席した。

私は同じ村に二十数年も住んでいながら、それまで恵楓園とは全く何のかかわりも持たずに過ごしてきた。それだけに何の予備知識もなく、どんな子ども達がいてどうしているか、考えたこともなかった。それに私自身、教員を辞めてから既に十六年ものブランクがあり、もうすっかり主婦であり母親の感覚が身に沁みついていて、何かにつけておよそプロの教師ではなかったのである。「子ども達が先生を首長うして待っとる。はよう行ってやらんと」と本校の教頭先生から言われた言葉が妙に私の心を重くした。前任の女先生は病気勝ちで長欠のまま退職されて、その後を本校の教頭と園の常直の青年S先生とで補欠授業がなされていたのであった。

中学の先生一同は、まるで新卒教師のように不安げな私を大変に優しく迎えて下さったし、当の子ども達もみんな待っていてくれた。当時小学生は六年三名（男一女二）と二年一名（女一）で、この二年の女の子が今でも便りをくれる悦子なのである。中学には十七、八名居たように思う。

職員室から学校までは二百メートルくらいもあったろうか。舗装された道を挟んで横隊に入所者の住宅が幾棟も並んでいた。その道を通り抜けて右へ曲ると、学校の全容が目に入る。初めて見る学校は、私の予想よりもはるかに大きく立派なものであった。運動場も広かった。かつてはこれだけの教室を必要としたのかなあと思いながら、私はこれから私が教えることになる子ども達の先輩の通学を続って世間が騒いだ事件（中山節夫監督によって映画「あつい壁」に描かれた黒髪校の登校拒否事件）のことをふっと思い起こした。

全生徒に紹介があった後、小学校の子ども達の教室に行くと、三人の子達が肩を寄せ合うようにして待っていた。私は教室に入るなり緊張した。未知の先生に対する精いっぱいの関心と期待とをこめた嬉しそうな瞳が、まともに私に向けられたからである。男の子も女の子二人もさっぱりした服装で、利口そうな顔をしていた。男の子の片腕が少し悪かった他は、私の見たところではみんな普通の子どもとなんら変るところはなかった。

二年の悦子はちょうど入院中であった。悦子は幼い時の股関節脱臼の処置が適切でなかったのか今その治療中であり、彼女はハンセン病*ではないが園の拡張の際に入園したらしいと主任の先生は説明された。

職員室の裏、二メートルくらいの所にコンクリートの高くて長い塀があった。その向うに病棟があり、入院室があった。主任の先生が入院中の悦子を見舞うために私を案内して下さった。

大勢の入院患者に混って、悦子は奥の方に小さく、まるで人形を寝せたように幼い顔で寝ていた。枕元には人形やぬいぐるみ等が並べてあった。きっと大人の人達からもらったのであろう。悦子は足を牽引している様子だった。突然訪れた私に対して、悦子には特別どうという思いもないらしく、無表情であった。病室の人達はもの珍らしそうに私を見た。それは私にとってもはじめて目にする病室風景であった。

病棟からの帰り、門衛が詰めておられた園の入り口の前で主任の先生が「この塀からこちら側はセイジョウチタイ」と言われた。私達の職員室も恵楓園の本館も、その部分にあった。私ははじめて聞くその言葉の意味を測りかねたが、妙に心に残る言葉だった。

＊当時、わが国では全国十数ヵ所の公私立の療養所に約一万人のハンセン病を患った人が入所していると言われていたが、そのほとんどは元患者ないし非患者だった。ハンセン病はらい菌による慢性の感染症であるが、らい菌は培養もできないほどの弱い菌で、感染経路は皮膚の切創や粘膜などからの直接接触感染に限られていた。まだ抵抗力の弱い乳幼児期に父母から子へ、また祖父母から孫へというように家族内での濃厚接触による感染例がほとんどで、そのために長く「遺伝病」と思われていたのである。戦後、特効薬のプロミンが使用できるようになってからは治癒可能な病気になったが、治療薬がなかった時代の四肢や顔面に残る後遺症と、長年の強制隔離政策による恐怖が結びついて、国民の偏見は根強いものがあった。

私の着任の翌日、それまでいろいろな都合でのびのびになっていた小中合同の春の遠足が行われた。

園所有のバスに乗り、行先は阿蘇。参加したのは中学生、小学生、教師ほか総員二十五、六名であった。ここでは遠足等の学外行事を行うにあたっては幾つかの手続きが必要であるらしかったが、着任したばかりの私にそんな難しいことがわかるはずもなかった。

遠足といえば、大勢の児童がリュックサックの鈴を鳴らしながら長い列を作ってにぎやかに歩くという図が思い浮かぶが、その遠足は参加人数の多寡の違いだけではなく、どこか人目を憚るような感じで、およそ一般の学校の遠足の雰囲気からはかけ離れたものだった。

目的地に着くと、トイレに行っていた男の子が私のところに走って来た。

「びっくりしたなあ。よそのおばさんが〝あーた達はどこの学校な〟と聞くので、何と言おうかと思って〝大池学校〟（近くの部落名）と答えた」

彼の口調は何か恐ろしいものにでも出合った時のように早口であった。

私はそれを聞いて胸を打たれる思いがした。そのおばさんが何と思って尋ねたかは分らない。私だって観光地等で出合う児童に、ただ何となく「どこの学校？」と聞くこともあるからだ。しかし、自分が通う学校名を口外してはならないものと思っている彼は、そう問いかけられただけでとっさの答えに窮して、まるで咎められでもしたかのように感じたのであろう。

いよいよ昼食の時になった。子ども達は心得たように自分達だけで私たち教師から離れて坐を占めた。私は食事をしながらちらっちらっと子ども達の方を見やって、心ならずも故郷を離れてこうしている彼らが不憫でならなかった。

その夜、床についてから、私はわずか二日間で体験した数々の事柄をまざまざと思い浮かべながら、さて明日からの自分は教師としてどうあらねばならないのだろうかと、独り思った。

3　だーれもわからん

私は確かに恵楓園分校の教師となった。着任して数日、それまで思ってもみなかったようないろいろな出来事に私はとまどっていたが、そんなことは子ども達にとってはどうでもいいことだった。とにかく今までの先生のように長欠することなく、毎日を自分達にかかわってくれればそれでいいわけで、その点ではいくらかホッとしたかのように見えた。

悦子は入院中のため、当分は六年生男女三名との毎日であった。男の子はやや色白の可愛い声の持ち主で、片方の手が少し悪かったが、その手を器用に使ってソフトボールの球も受けたし、学習面での成績もよかった。女の子達はしっかりした感じで行儀がよく、自分の身の回りのこともよく処理出来るように躾けられていた。彼らは学校が終ると子ども達だけの寮に帰った。そこは大人達の住まいとは離れた場所にあって、学校の校舎から約五十メートルくらい隔っていたであろうか。少年少女舎と呼ばれ、そこにはかつて教職にあったという方が夫婦で子ども達の日常の世話から躾に至るまで一切の面倒を見ておられた。子ども達はその方達を「お父さん」「お母さん」と呼び、上級生を「お兄ちゃん」「お姉ちゃん」と呼んでいた。

私達教師は授業に行く時には予防衣と袴下、布の帽子とゴムの黒い長靴という姿で職員室から約二百メートルくらい歩いて教室へ行き、時間毎に職員室に帰った。廊下や教室でも土足のままだった。教室から帰る時は職員室の入口に備え付けられたホルマリンの消毒箱の中に使用した教科書を入れ、クレゾール液で手を洗うことになっていた。

学校への行き帰りに目にふれる入所者の中には後遺症がひどくて足が悪かったり手が変形したりした人達がいて、それはわりと年配者に多いように私には思えた。もう少し早く治療を受けることが出来ていたなら少しは軽くて済んだかも知れなかったが、この人達が故郷を出てここに来られるまでのことを私がどんなに推察してみたとしても到底思いおよぶはずがなかった。

今この回想を書きながら、私はふと数年前に読んだ大原富枝の著書『忍びてゆかな』を思い起こした。ハンセン病の有名な歌人津田治子さんの発病から死までを書いたもので、私はかつてこれほどの感動をもって読んだ本は他になく、読後に、

人目を避けて窪地の小屋に潜む娘《こ》を癩とて人の忌み嫌ひしと
かたゐにてその終焉の極みまで癩園の夫を思いわづらふ
身は日ごと萎えゆきつつも澄み徹るこの歌ごころ津田治子嗚呼

と、その感動を詠まずにはいられなかった。生命をかけてその極みまで透徹した歌を詠み続けられた

津田治子さんは私の着任当時はまだ園に居られ、翌年亡くなられたと聞いている。

終戦後、日本のすべてが一大変貌をとげ、米国の支配のもとに教育現場でも民主教育が行われてすでに十六年の年月が過ぎていたが、当時の私にはいまさら何とも目を瞠るものがあった。教科では社会科という呼び方が耳新しく感じられたが、縄文時代、弥生時代等の呼び方もかつての教育現場では使われないことばであった。私は我ながら家庭で過ごした年月の長かったことを感じないではいられなかった。

また、これは今でも行われているようであるが、現職教育日という行事も私には初めての体験だった。郡市全体の教師が一ヵ所に集まって公開授業や各教科の分科会等をおこなって研修をするのである。

六月、はじめての現職教育の日、私は国語の公開授業を参観した。子ども達は生き生きと学習していたし、教師は教室いっぱいの参観者の前で実に堂々とした態度であった。私は後ろの隅の方で観ていたが、これほど自信に充ちた態度で子ども達の前に立てる教師がなんとも羨しかった。私は、そういう授業のよしあし以前のところで、子ども達にどう向き合っていけばよいのか、どう接していけばよいのかと思い悩んでいたからである。

私が恵楓園に来て間もない日のことだった。六年生の一男が私の前で次のような言葉をヒョロッと口にしていた。

「おれ達のことはだーれもわからんもんね。お医者さんにだってわかりはせんもん」

それは言うまでもなく、先生にだって自分達のことは本当のところはわかってはもらえぬということであった。

それはたしかにそうであった。私にはなにもわかってはいなかった。でも、そんなにはっきり言われると、シャットアウトされたようで返す言葉が見つからないのである。まだあどけない顔をした六年生の男の子が、子どもながらにそんな言葉を口にせざるをえなかった心境を思うと、教師である私は彼らに何がしてやれるかと考えこまざるをえないのであった。

私はその夜、大学三年在学中の娘に、一男のことを話した。「あの子らはどうも教師をあまり信用してないようだよ。私はまだ日も浅いからそれはそうだろうけれどもね。これからよっぽど私も頑張らんと」と言うと、娘は、「そりゃそうでしょうよ。教師だからといって、そう簡単に信頼されると思うことが無理よ、いくら相手が子どもでも。大学には偉い先生は沢山おられるけれど、私だって心から尊敬し信頼している先生なんてそう何人もはいないよ」と事もなげに言った。

娘の言う先生に対する信頼と、この子ども達の私に対する信頼との真の意味はやや違うにしても、私はまだここに来て間もないし、この子らのことを何もわかっていないのに信頼されたいと思う事自体が思い上りであることは確かであった。

現職教育に出て種々の部会に加わっていても、このように私は何となくいつも孤独を感じていた。当時は障害を持つ子ども達の特殊教育といっても未だしの感が深い時代であり、まして私が担任する数少ない子ども達は社会から忘れられた存在と言っても決して言いすぎではなかったのである。

私が用件があって本校を訪れる時、校長室に行けばいつも、「あなたが入って来るとプーンといい匂いがする」と言われた。クレゾールの匂いなのである。自分でもその匂いは妙に気になっていた。私は校長室では子ども達のことや自分の心境のありのままを話したが、校長先生はよく聞いてくださってここでかなりの時間を過ごしてしまうことが多かった。

「心ならずも故郷を離れなければならなくなって、園に来ている子ども達をほんとに気の毒とは思うものの、この子達を抱きしめて寝ることは正直言って今の私には出来ません。最後はやはり一線を引くのです。そこが何とも悲しくて……。私は偽善者でしょうか」

私達が子どもの頃には顔や手足などが変形したハンセン病の人を見かけることがよくあった。ハンセン病はこわい不治の病気と聞いて育ったのであった。

「それでいいのです。何もそんなにまで自分を責めなくていい。神や仏ではない、人間だもの。母親なら抱きしめて寝もしなければならないだろうが……。あなたはまだあそこに馴れないから、それに家庭にいた年月が長かったから、事毎に人よりも余計に感じすぎる。何もそう無理しなくても中学にはもう長い先生もいられることだし、一人で考えなくてもわからぬところはよく聞いて他の先生方と一緒にやればいい。中学の先生達もよくしてくださるでしょう」

校長先生は諭すようにそう言われるのであった。もう故人になられた安藤校長の深く静かなまなざしを、私は今もしみじみと思い起す。

いつの間にか空には入道雲が湧き、園内の木の繁みには蟬が鳴き立て、凌霄花《のうぜんかずら》の朱がたおやかにかすかな風にも揺らぐ頃になると、帰省する子の心は早くも故郷に馳せていた。帰らない子もいたが、帰省する子は父兄が迎えに来る日を待ち侘びるのが常であった。私はその様子を見ながら、どうか楽しい帰省であれと祈らずにはいられなかった。

そして、ツクツクホウシがしきりに鳴く頃には、彼らはそれぞれの思いを抱きながら家族に送られて帰園し、また変化に乏しい小人数のメンバーとの生活がはじまるのであった。

二学期に入り、子ども達も次第に私に馴れて、思い思いのことを話すようになった。ある日のこと、私達四人が休憩の時間にかたまって話していると、一男がふと、「今こんな時、爆弾か何か破裂してみんな一緒に一発で死んでしまうといいな」と言った。以前、「自分達のことは誰にもわからんもんね」と言ったあの子である。他の女の子達が何と言ったか今はもう忘れたが、私にはその顔にはまだいくらかあどけなさも残っている男の子の言葉が心に深く残った。

秋の半ばに私にとっては二度目の現職教育が隈府《わいふ》小学校で行われた。終了後、その現職教育に出張所長が来ておられることを知って、私は早速所長を訪ねた。室内には学校長達もおられる様子であったが、私は会談中の所長を失礼も省みずに呼び出した。席を外して廊下に出られた所長の顔を見るなり、私はだしぬけに「あそこの教員は私にはやはり出来ません」と言って不覚にもハラハラと落涙した。虚をつかれた所長は、「どうしたのです。何があったのですか」を連発され、ややあって、「昔取った杵柄というではありませんか」と励まされた。私はまだまだプロの教員ではなかったのである。

それから幾日かたった秋のさわやかな日の午後、体育の時間に子ども達と広大な園内を歩き公園でゆっくり遊んで学校に帰ったら、常直のS先生が「教育長さんが今まで先生を待っておられたけど、たった今帰られました」と言われた。私は、わざわざ訪ねて来られるなんて何だろうと思いはしたものの、つい失礼してそのままにしていたら、日ならずして来園の理由を教育長自身から聞かされてわかった。「先日出張所長が、〝現職教育の日に恵楓園の藤本が訪ねて来て自分の顔を見るなり涙を流したが、よくはわからないが何かこみ入った事情があるのではないか。一度くわしく聞いて欲しい〟と言っておられた」ということだったのである。それを聞いて私はいたく恐縮した。教育長は私の話を聞いて、「そういうことだったのか。なるほど、そうだったのか」と独りで頷かれていたが、二人はもっと違ったことで私が悩んでいると思っておられた様子であった。

しかしそんな心配は無用、職員室の雰囲気は実に和やかで、まるで今浦島のような私をみんなで支えて下さっていたのである。今はもう故人となられた嶋田先生がその当時の主任だったが、今にして思えば全く世話のやける教員であったよと冷汗の流れる思いがする。

私の家から恵楓園へ行くには西へ辻久保まで四キロ余り、そこで熊本市の藤崎宮行の電車に乗って約十分ほどの距離だったが、辻久保までの四キロはバスもなかったので歩かねばならなかった。今のように自家用車で通勤する人もなく、時に農協倉庫に牛乳出しに行くトラックが車を止めて乗せてくれることもあったが、ほとんどは徒歩だった。「自転車を乗り習わんといかんなあ」と中学の先生に言われ、嶋田先生にわが家の自転車を園まで持って行ってもらい、私は晩秋の頃から恵楓園の誰もいないグラウンドで放課後、二人の男の先生と自転車乗りの練習を始めた。これもまた生れて初めての体験で、私には四十半ばにしての一大冒険であった。

たまに学校の運動場で練習する時には、いつの間にか子ども達が出て来て声援を送ってくれたが、私は子ども達の前で醜態を演じ大恥をかいた。たとえこの安全地帯で乗れるようになったとしても、わが家から辻久保までの石ころ道を独りで乗れる日はいつのことやらと、我ながら情けない乗り態なのであった。

なお私の着任した昭和三十七年度は、記録によれば七月と二月に出張所から前山所長をはじめとして二度の訪問をうけている。因みに夫はその年、菊池出張所に入り五月に死亡したのであった。

4 一対一

おたがいの気心もようやくわかり、子ども達が彼らなりの思いや日常生活の様子などを私に話してくれるようになった時は、もう六年生の三名は卒業だった。といっても今までの教室から一教室おいた部屋で中学一年生としての学習が始まったのである。

小学校教室では私と悦子とのたった二人の毎日となってしまった。悦子は長く入院していたのでもう一回二年に留め置いて欲しいと、父兄から少女舎のお父さんを通じて学校に願いが出されていた。私は本校へ行ってそのことを校長先生に報告した。出席日数は足りていたのだが、父兄からのたっての願いならばということで認定され、悦子は二年に留まることとなった。

昭和三十八年四月十五日

今日からが始めて授業をすることとなる。教室に机が一つ。淋しいが悦子とたった二人きり。この子はめったに話さない。環境によるものであろうか。どんなにかして先ず話すように努力しなければならない。恥ずかしいのか私からの話しかけにも、あまりはっきり答えない。でも急いではいけない。ゆっくり時をかけていこう。しかし今日は午後帰る時、後から私の背中にそっと手をあてて微笑んだ。

今までは六年のお兄ちゃんお姉ちゃん達がいて、彼らと行動を共にしてさえいればそれでほとんどのことは間に合ったので、悦子は自分個人の意志を直接私に表わすということがなかった。まだまだ悦子は本当に幼いのであった。

私は悦子の両手を取って、「悦ちゃん、今日から先生とたった二人になったね。今までは六年生がいたから、先生が六年生とお勉強する時には黙って字を書いたり絵を書いたりしていたけれど、これからはあなた一人で何の気兼ねもなく先生と勉強したり、遊んだりしていいのよ。どう、うれしい？」と話しかけると、ただ黙ってコックリとするだけであった。

翌十六日は素晴しいお天気で、急に暑くなった。前日は嬉しいようでまた恥ずかしいような態度でいた悦子が、今までにない活気のある顔をして学校に来た。この調子なら案外うまくいけそうだと思った。

二時間目の理科の時間には園内の散歩をした。学校の運動場を出て左に少し行くと、立派なお寺があった。私は一度も上にあがることはなかったけれど、責任者の方が住んでおられていつも綺麗に手が届いていた。このお寺を子供たちは御殿と呼んでいた。その先にはカトリックの教会があって、庭の入口には優しい姿のマリア様の白い像が目につく。この園の方達が心の救いを求めてそれぞれにお寺や教会に通い熱心にぬかづく姿を垣間見ることができた。またずっと向うにはもう一つ教会があり、そちらはプロテスタントの教会と聞いていた。

園内はもうすでに桜の花は散り果てたものの遅咲きの提灯桜の花がやや重たげに頭を垂れ、蘇芳《すおう》なども美しかった。幾筋も舗装された道の両端には西洋タンポポの黄も鮮やかに、またオオイヌノフグリは美しい瑠璃色を溢れるばかりに湛えていた。

私はここに来て芝生の中にモジズリの花をはじめて見た。「みちのくのしのぶもじずりたれゆえにみだれそめにしわれならなくに」古今集読人知らずの、あの花である。一名ネジバナというように捩れた姿態の、まことに可憐な珍らしい花だった。他に草丈五、六センチの小さいリンドウやジシバリ、ハルノノゲシ等々、私の大好きな野草がいっぱいであった。今はまだ無理だがこの子がもう少し成長したら草花の名なども教えようと思いながら、私は悦子の歩調に合せて歩いた。

二人の後になり先になりして蝶々がついてきた。私は大きな声で「ちょうちょちょうちょ　なのはにとまれ」とくり返し歌ったが、それは私の独唱に終り、悦子はただ黙ってついてくるばかりであった。私は、いつになったらこの子と二人で声を合わせて歌いながら歩けるかなあと思いつつ歩いた。

あまり疲れても、と思い学校に帰り、二人で摘んだ花の一つ一つを改めて観察したり、画用紙に並べて花の模様を作ったり好きな花を選んで写生したりの学習をした。

十七日は教育委員会に用件があって出勤が遅れたので、中学の脇坂先生が悦子に国語の補欠授業をしていてくださった。あとで先生は「今日は補欠に行ったけれど、一人といってもあれでは大変でしょう。話もほとんどしなかったし、本を読ませようとしても読まなかった」と私に言われた。

悦子は軽度ではあるがどもる癖があるために無口になる傾向があり、朗読が不得手だった。私もかねがねそのことは気にかかっていたが、中学の先生の授業だったので余計緊張したのだろう。

悦子は運動靴でなくビニールの靴を履いていた。分校では土足のまま廊下に上るので、彼女はいつもコトコトと可愛い音をさせてひとりの教室に入って来ていた。

工作の時にはとりどりの色紙を切り抜いては一生懸命に画用紙に貼り付けていたが、その無心な横顔に私はつい「悦ちゃん」と呼びかけることがあった。また、園内を二人で歩く時には、私は心の中で「おうまのおやこは　なかよしこよし　いつでもいっしょに　ぽっくりぽっくりあるく」の歌さながらと思うのだが、幼い悦子が私の思いを知る由もない。道の辺のナズナやキツネノボタンやスカンポが晩春の光に揺れながら私たち二人をじっと見ているだけであった。

しかし、日がたつにつれて、時にはたった一つの机の蔭にかくれて、何気なく教室へ入ってくる私を「ワッ!」と言って驚かしたりするようになった。また、私が教室に行くのが少し遅れると、悦子は待ちかねて教室を出てヒメジョオンの咲いて揺れる空地に立っていることもあった。私を認めると、「せんせーい」と声を上げて呼び、私は手を上げて応えながら桜並木の道を小走りに急ぐのであった。

始業の鐘鳴ればコトコト歩み来て悦子はひとりの教室に入る
鋏もち無心に色紙切りながら悦子はときにほほえみかくる
母馬に子馬が添いてあゆむごと悦子とふたり花摘みあるく
机のかげに隠れし悦子がスカートの赤き花柄見えて愛《かな》しも
ヒメジョオンの咲きて揺れいる野に立ちて悦子は我を呼びて手を振る

四月の下旬はどの学校もそうであるが、分校では特にいろいろと検査が続き、学習時間が削られることも多かった。何といってもまず子ども達の健康が第一だからそれはしかたないことであった。

四月二十五日

四月の終りというのに曇ったり晴れたりの肌寒い日だった。今日の一番の難関は算数であった。中でも10×25、10×67、30は10の何倍か。これが中々理解出来なかった。この子でなくてもやはり難かしいのである。具体物でやってみたが難かしがる。もっと指導法を考えねばならぬ。こんな日にはどうも彼女の顔色は冴えない。

五月の春の遠足は長洲《ながす》海岸だった。せっかくの遠足だというのに曇時々小雨というあいにくの天候であったが、それでも子ども達は実に嬉しそうにズボンを汚して一生懸命に貝を掘り、中学生は籠に一杯取った。悦子もいきいきとして、もっと貝を掘っていたいと言った。私達教師は、これが快晴であったらもっと楽しかったのになあと言いながらも、無事に遠足が終ったことに安堵した。

後日、遠足の作文を書かせたが、あんなに楽しかった貝掘りも、いざ作文にするとなるとなかなか骨が折れるようだった。

五月十三日

音楽では「歌を諧名で唱う」。おはじきを五線譜に並べる作業を通してやってみたら大変興味をもった。私はこの子がどの歌も大声で楽しく歌えるようにしたい。算数では、カード並べをしながら一、〇〇〇までの順列を理解する。これも割合に面白がった。残りは宿題にしたが今日の学習では注意力もねばりもびっくりする程続く。これには感心した。

六月三日

午後の授業は無いのに、午後から体操をしてくれと言う。暑い日であった。押葉の紙をとり替えてから遊びを加えて体操をやる。足に負担がかかるのではないかという私の思惑にはかかわりもなく、この子は体育が大好きで、催促するのである。

六月五日

この頃は自然の現象に大変興味を持ち出した。嬉しいことである。しばしば私を引っ張り出す。「珍らしいもの見つけたよ」と言って葉は大きいカタバミのようで、花柄の長い優しいピンク色の珍らしい花を持ってきた。またキャベツの虫、きゅうりの虫、茄子の虫等の観察に農園に行った帰りに、梅の木にぶら下っている以前から見ていた「みの虫」を取って帰る。「このみの虫は動くのだろうか」と悦子が私に言ったので、机の上に置いてチョークで丸く囲んでおいた。翌日の観察日記に悦子はこう書いている。「みの虫がつくえの上から、とおくまであるいていました。あまりあるかないかとおもったのに、べんきょうしているうちにも、やっぱりあるきました。」

二人で測ってみたら、このみの虫は三メートル近くも移動しているのであった。

数日後、四時間目の始まりに、「大きな虫を見たよ」とまた私の所にかけて来た。例の如く、「早く早く」とせき立てるのでついて行くと、ほんとうに十五センチもあろうかと思えるほどの太った芋虫ようのもの。棒切れでつついたら、シュッという音を立ててクリッと曲った。「何になるかなあ、この虫は。

養おうか」と言うと、悦子は「でもこわい」といって頸をふったのでそのままに終った。

自然の観察がだいぶ自分のものとなってきつつあるようだった。みの虫の観察日記は絵も交えて詳しく書かれていた。事物を観る目が育ちつつあることは嬉しかった。

――

六月十八日

理科で風の方向や強さなどを調べる。例の御殿に線香をもらいに行く。沢山もらって帰る。

――

六月二十日

工作は粘土細工。時に独り言など言いながら彼女は粘土を丸めたり崩したりしていたが、終り近くになって「チューリップと話している子犬」とでも言えそうな作品が出来ていた。

――

「鮒とアメンボー」の飼育観察中、「アメンボーがいなくなっている、とび出したのかなあ」と悦子が知らせてきた。彼女はさっそく、「ふなとアメンボー」という題で作文を書いた。日頃彼女の目で捉えたこの小動物の生態を子どもらしくいきいきと表現していた。学期のはじめには書かせることに大変な労力を要したが、この頃はだいぶ思うことが書けるようになってきた。よく物を観ようとする態度が作文を書くことにつながるのであろうと私は思うのであった。

――

六月二十三日

昨日の宿題を朝いちばんに持って来た。彼女が書いたのだろうかと思うほど大変うまい絵を書いている。「風の方向や強さ」なども二時間目の終りの観測を自主的に喜んでやるようになった。また「季節の気づいたこと」これの記録もよくやるようになった。たったこれだけ書くのにも、当初は何と書こうかと大変ひまどったのに、今ではどうにかひとりで書けるようになったことは、この子にとっては大変な成長であった。

算数では「けんとうをつけて実測をする」の指導。運動場に出て実測。巻尺の音をさせて引っ張って行くのがまたこの子には楽しいのである。校舎から門まで、榎の木まで、百葉箱まで、今度は少年少女舎まで、などと二人であてっこをしながらの学習。一時間はアッという間に過ぎてしまう。「今度もまたしようね」と悦子は言う。短距離は大方見当つくものの向きが変わればまた難しい。少し遠くなるとまだまだ。大人でもそう容易ではないのだから。この学習のあとは、園内を歩く時も桜並木の下を行く時も、二人のあてっこは続くのであった。

七月一日

朝早くからの雷であったのに、今朝はまた素晴しく元気一杯で意欲的だ。宿題でもないのにずっと先まで算数の予習をしてきている。私にほめられてうれしそう。そして昨日の日曜日のことなどを始業の鐘が鳴ってもまだ話し続けようとし、国語では「三びきの子ぶた」のあの長文をすらすらと読み終えた。何ということだ、私は驚いたが彼女自身も驚いていた。大変な成長だ。今悦子は精神的にも安定しているらしい。悦子はたしかに大きく成長していた。

悦ちゃんと呼べば微笑み返しくるこの子はわたしのすべてとなりぬ

5　悦子の日記

七月（昭和三十八年）に入った。二日は熊本に大雨洪水雷雨注意報が出されたが予報は当たらず、前日からの雨は止み、むし暑い午後となった。

理科の時間に園内の植物を見学に出た。農園には水瓜《すいか》の花やかぼちゃの花が咲いていて、緑の葉は逞しく畝を掩っていた。ある寮の庭では凌霄花の花が雨で落ちたのか、濡れた地面にまだ美しい朱の色を失ってはいなかった。

悦子がその花を一つ拾って来て、私を見上げながら、ふと「先生、ユウワクって何のこと？」と問うた。私は全く予期しない唐突な質問に驚き、「誰から聞いたの」と尋ねると、「お姉ちゃん達が言っていたもん」とのこと。この頃しきりに、あれは何、これは何と園内を歩いていても何かにつけて関心を持ち始めていたので、私は悦子のそんな成長を思わせる姿を内心微笑ましく思っていたのではあったが、まさかこんな質問を受けようとは思ってもいなかった。悦子は、「まだわからない言葉いっぱいあるよ。ヒナン、シンセキ、コウズイ、セキニン」と、たてつづけに口にした。

悦子は少年少女舎ではもちろん園内でも一番幼い女の子として、いわば園内のマスコット的な存在だった（この頃まで私は幸子がいることをまだ知らなかった）。その幼い悦子がどうしてこんなに難しい言葉を知ったのであろうか。分校では毎日午前中、三時間目の終りに治療の時間というのがあって、子ども達も一般の人達と一緒に治療棟に行って治療を受けていたが、そうした待ち時間にでも意味不明の言葉を耳にして疑問を持ったのであろうか。何せこの頃は知識欲旺盛で、かつての悦子と違っていろいろのことを私に問いかけるのである。

そういえば、私にもはるかに遠い思い出があった。私の長男がまだ幼い頃のことである。余りに遊び呆けて夕方暗くなる頃帰って来た孫をたしなめていた祖父に向って、何思ったのか突然に、「じいちゃん、ハサン（破産）ってなんね」と尋ね、子どもにはおよそ縁遠い言葉にさすがに貫禄充分の祖父も唖然とした顔をしていたことがあった。子どもというものはこんな過程を経ながら次第に成長していくものなのであろうか。

七月六日

このところ雨が降り続いて、私も悦子もややうんざりしているところに、今朝は鮒が死んで腹を見せていた。「鮒とアメンボー」という題で悦子がついこの間、まことに生き生きとした作文を書いたばかりのあの鮒なのである。ちょうど一月ばかり養ったことになる。自分が世話をし手をかけた鮒のあわれな姿をジッと見ていた悦子は「先生、お墓を作ろうか」と言った。二人で御殿（お寺）を墓所と決めて、そこの庭の西の隅に埋め、土を小さく盛り上げた。その黒い土を悦子が小さい掌で二、三度そっとたたいた。御殿に行って線香をもらい、二人でしゃがんで拝んだ。教室に帰る途中、鮒を葬ったことでこの子も思いなしかホッとしているように思えた。

その日私は、童話を写したのを一冊の本にして悦子に持たせて帰したと記している（その童話の本のことは今はもう記憶にないが、本のままは渡せないものだったのであろうか）。そして読んで特に心に残ったことを絵や短い文に書くようにと宿題を出している。

私はまたその頃、悦子と二人で声を揃えて合唱したい、出来れば踊りなどもとり入れて楽しく音楽の授業をしてみたいという希望をもっていた。いや授業に限らず、そんな楽しい時を作りたかったのである。しかし、それも私と悦子とのたった二人きりではどうも気が乗らない。もう少し人数が多かったら今よりいくらかよかろうとは思うものの、さりとてやはりこれ以上ここに子どもがふえるというのはどういうことなのかと自問自答するのであった。

ともあれ私のそういうささやかな願いを入れて、教材用にポータブル電蓄を購入してもらった。恵楓園分校では教材や備品などは園と学校の両方から支給されるのである。毎年の教材備品の購入は児童ただ一人といえども本校に行って希望を述べればほとんど通してもらえた。これは小学校も中学校も全く同じで、それもここの子ども達への配慮の現れだと思うとまことに嬉しいことであった。

七月十日の雨の日の工作は「箱を色紙ではる」。色の配合を考えて、模様を切り抜いたものを工夫して飾るのである。無心に色紙を貼っていると思っていた悦子がふと手を止めて、私をまともに見ながら「人間はどうして今いるのだろうか。お母さんから生まれたのは知っているが、一番はじめはどんなにして出来たのだろうか」と問いかけた。

それを聞いて私は、先頃この子はしきりに言葉についての質問をしていたが、今度は人間の起源にまで疑問を持ち始めたのかと思った。子どもというものは、時々大人の意表をつくような問いを発するもので、そんな時は「あなたはどう思う?」などと問い返してその疑問の程度や真意を計ることも出来るが、こんなにそのものズバリを質問されると私もさてどう答えたものかと思うのであった。悦子に限らず大人であっても、「私達は何処から来たのであろうか」、さらに長じては「何処へ行くのであろうか」と思うのではなかろうか。

私は、徒然草の中にこれとよく似たくだりがあったことを思い出した。

八歳になった子が、父に問うに、

子「仏とはどんなものでありましょうか」

父「仏には人がなったのである」

子「人はどんなにして仏になったのでしょうか」

父「仏の教えによってなったのである」

子「その教えた仏は誰が教えたのでありましょうか」

父「それもまたさきの仏の教えによってなったのである」

子「その教えはじめた第一の仏はどんな仏であったのでしょうか」

と子にしきりに問い詰められて、

父「空よりや降りけむ、土よりや涌きけむ」

と胡麻化して笑ったというのである。

これは兼好法師自身の少年の頃のことをその父親が後年述懐したこととして徒然草二四三段に書かれているものであった。

私はここで、悦子の問いに対して「空から降ったか、地から涌いたか」などで胡麻化してはいけないと思った。とはいうものの私だって正直にいって人間の起源についてそうつき詰めて考えたことはなかった。遠くは伊弉諾尊《イザナギノミコト》、伊弉冉尊《イザナミノミコト》の国産みから始まる神話、また旧約聖書冒頭の「創世記」に記された神の御業、また科学的な諸考察、さては進化論などと、貧弱な頭で考えてはみたものの、私には即答できるだけの知識はなかった。私はその夜改めて聖書を読んでみた。

翌日、私は前日の悦子の問い「人間のはじまりは、どうして出来たか」について、聖書の創世記によって話をした。ユダヤ人が伝えたと称されるそれには、はるかに遠い遠い昔、はじめに神は天と地を創られた。しかし天も地もはじめは真っ暗い闇であった。次には陸や海を創造し光ある宇宙となりいろいろの草や木を生えさせ、動物達を創り、そして次に人間を創られた。聖書にはそう書いてあるよ、と私は創世記冒頭の七日にわたる「神の天地創造から人間誕生」までのことをかいつまんで話したのである。

悦子は黙って聞いていたが、「フーン、それで神様を拝むのか」と呟いた。だがしばらくしてまた、「でも神様はほんとうにいるのかなあ」と言った。

私は「神様は今もいて私達を見ていられるよ」と答えたのであるが、しかし私は今にいたるもそのような特別な信仰は持てないでいる。恥ずかしい話だが仏教の経文もまだよくは知らない。ただ、年を取るにつれて思うのは、私達人間の人体の構造一つをとって考えてみても、そのメカニズムの精巧さ、神秘さに私は驚嘆せずにいられない。特別な知識を持たない私でさえそうであるから、ましてその奥義を究めようとする医者や科学者達は深く研究すればするほど、科学では解明出来ない何ものか、神の偉大な栄光を垣間見るような思いをするのではなかろうか。最近の科学技術の進歩は、人工的な操作によって人間が人間を創ることも、男女を産み分けることも可能としたなどといわれるが、それは神への冒瀆ではないか。科学者達がいろいろと新しい技術を開発していくように見えても、それはとりも直さず神の偉大なる栄光の一つ一つを証明することではなかろうかと、私は考えたりもするのである。

自然についてもそうである。この大宇宙誕生以来、一定の法則と秩序を保ちながら、気が遠くなるほどの年月を、あらゆる生物を棲息させながら春夏秋冬の趣も見せてくれるこの大自然の悠久なる営みの偉大さ。それこそは全く神の御業と私は考えるようになった。最近無意識にまたは意識しながらも限りなく行われている自然破壊などは人間の傲慢さの現れであって、いつまでも無制限に許されることではないだろう。

さて、いよいよ一学期も終りとなり、夏休み中は私は悦子と毎日は会えなくなった。その間悦子は園内で変化に乏しい生活をすることとなった。

この休みに私は一冊の日記帳を作って悦子に渡した。それは画用紙を表紙として、右肩に「昭和三十八年八月」、まん中に「にっき」、左下に「二年　滝川悦子」と記し、黒い綴紐でとじた。七月二十三日から十二月二十四日まで毎日書くのであるからある程度の厚味を持つ。またその中身は洋紙を二つ折りにし、上半分は絵を書くように空欄にし、下半分の罫線の中に文章を書くようにしていた。そして下段の右端には「一日のくらしの中で、ちがったことをみつけてかこう」とプリントしていた。

というのは、大抵の子ども達が「夏休みの友」の日記欄には朝起きてから夜寝るまでのことを何の変哲もなく毎日くり返し書いてしまいがちだから、たった一つでいいから昨日と変わった事柄なり思ったことなりを書かせようと試みたのである。そうすればたとえ園外に出ることもなく変わりばえせぬ毎日であっても、意識してものを見ようとする目を持つようになり、ごく身近な自然の姿からもこの子なりに感じとり楽しめる何かを見出せるのではないかと考えたのであった。

私は恵楓園を去るにあたって沢山の物を整理し、また焼いたりもしたけれども、悦子が書いたこの日記と足かけ十年にわたって子ども達と一緒に撮った写真数十枚は大切に残し、今でも持っている。あれからすでに三十年も経ているので、その日記の表紙はだいぶ汚れて悦子が書いた鉛筆の跡も少し薄れてはいるものの、彼女が書いたクレヨンの絵や私の加えた朱筆は今でもはっきりと読みとれる（まさか今になって私がこんな回想を書こうとは、その当時は夢にも思っていなかった）。この日記帳は私の本棚に今もちゃんと確かな位置を占め、私はそれを時々開いては今は二児の母親になった彼女を独り思い浮べる。悦子はそんな昔のことはもう覚えていないだろうなあ、と思いながら。

彼女の日記の絵は決してうまいとはいえないものの、子どもというものはどうしてこんなに愛らしく、躍動感のある絵が描けるのだろうかと、今でもつくづく感心するほどである。たとえば、悦子が窓から見た鳩が屋根の上でキョロキョロする様子、夕立、稲妻と雷、台風のあと散った落葉を掃く少女舎の子ども達の様子、縄とびをする自分、焚火を囲んで話している自分達、沖縄歌舞団の独特な服装と踊りの様子等々。彼女は私の指示を守って一生懸命ものを見て、短くても変わったことを書いている。

ここにその悦子の日記の二、三を紹介してみよう。

八月七日（水）

きょうは一日中風がふいたので、ひまわりがもうすこしでたおれそうに、なんべんもゆれていました。よくみていたら小さいひまわりは、もうたおれていました。

八月八日（木）

たいふうがきよるから風がふいて、十ごうのへやのまえにさいているカンナの花がたおれそうにしていました。もうすこしふけば、きっとたおれるなあとおもいました。そしてわたしはどうしてたいふうはくるのだろうとおもいました。あとで雨がふって、だから風がふくときはまどがガタンガタンと音がしました。

二日続いた風の日の様子もヒマワリとカンナとに書きわけて、さらに自分が思ったことも書いている。日記は夏休みが終ってからも続いた。

九月一日（日）

きょうごご学校に行くとき、大きなみの虫が、みちばたにくびをながくしていました。とろうとしたらすぐくびをひっこめました。とても早かったです。

いる。

九月三日（火）

きょうは、ばんべんきょうのじかんに空をみていたらお月さまがむこうにでていました。ずっとみていたらちょうどあるいているようでした。

次の日には、お月さまはまんまるでほんとうにきれいでちょうどわらっているようだった、と書いている。

九月七日には、「こんや空をみたらお月さまは出ていないで、おほしさまばかりでていたので、どうしてお月さまはでていないのかなとおもいました。どうしてかというと、三日と四日はまんまるくでていたからです」と書いている。

きっと次第に月の出がおそくなるのを不思議に思ってのことであろう。その日の終りに、私は、「お月さまのようすをよくきをつけてみました。もっとつづけてみてごらん。お月さまはいろいろかわりますよ」と朱筆で書いている。

数日後、悦子が算数の時間に涙ぐんでいたことがあった。彼女は幼いながら気は強く、お姉ちゃん達が泣くことはあってもそれまで涙を見せたことがなかったのにである。その日は〈150引く45〉のような新教材の形式算が難しくて、私の説明がまだよく理解出来ていなかったのでそれが悲しかったのである。類似の問題で練習するうちにようやく出来たものの、やはり彼女には難しかったようだ。

十一月三日は文化の日。その日をはさんで数日間、恵楓園では園の一大行事として文化祭が催されていたが、一番の呼び物は菊の展示即売会で、遠くは県外からも含めて外部からたくさんの人達が訪れていた。秋の写生大会はそんな一日に小・中学合同で園内で行われた。

私は恵楓園の菊の見事さについては噂には聞いていたが、ここに来て初めて会場に行って驚嘆した。まことにそれは感動的だった。これほどの見事な菊はかつて見たことがなかった。私は一鉢一鉢の前に釘づけされたように立ち止まっているうち、ふと何かこみ上げるものがあって涙がこぼれそうになった。何故だかよくわからなかったが、恐らく会場いっぱいに満ち溢れる咲き極まろうとする花の気迫と気品と、また片時も忘れることのない精神的肉体的な苦悩を花に托して一途に育て上げた人達の精魂とが一つになって私を感動させたのであろうか。

一緒に行った子ども達がはるか彼方の出口で私を呼んでいた。我にかえって会場を出て桜並木の道を子ども達と一緒に歩いている途中も、私は見てきたばかりの輝くような菊花の見事さにすっかり魅了されてしまっていた。私は今でもあの時の感動は鮮明に思い起こすことが出来る。

憂き人らの心一途に育てたるこれの菊花の輝きを見よ
菊の花咲きの極みのあまりにも美しければかなしみて見つ

やがて少女舎の庭にも、コスモスの花が秋風にゆらぐ頃となった。学校の授業が終わると悦子は少女舎に帰り、私は職員室へと帰る。少女舎の前まで来ると、悦子は私のすきをみて、「うちわかれっ」と私の背中をたたいて逃げるように走り出すのであった。私はたわむれにその後を追いかける。

白いコスモスが優しくゆれる少女舎の庭。私が少女舎の前の途を曲がろうとする時、いつも「ただ今」と言って舎に入る悦子に、「お帰りなさい」と答える少女舎のお母さんの声が聞こえた。

「うち別れ」走りて悦子が帰りゆく少女舎に白きコスモスゆれて
「ただ今」と悦子の幼き声きこゆ少女舎の前の途まがるとき

その年の十一月十三日から四日間にわたって私達分校の小中学職員一同が指宿で行われる「九州地区病虚弱児研究集会」に出席することになった。お隣りの国立再春荘病院の先生方も一緒であった。そのために前日、悦子にその間の家庭学習を袋に入れて持たせて帰す際、彼女のいうことに、「先生気をつけて行っておいで。お金もね。すられたり落したりせぬようにね」とまるで母親の口振りで、これには私も恐れ入った。「ハイハイ、それでは気をつけて行ってまいります。お母さん」と私はおどけた。彼女は例のように可愛い掌をヒラヒラふって「バイバイ」と言いながら歩き出した。

私がこの分校に赴任した時、悦子は入院中で片方の足を牽引していたが、背丈が伸びるにつれて足を引きずるようになりはしないかとその時ふと懸念されて、私は彼女の後姿を見ていた。

6　卓上ステレオ

十二月に入ったある日、昼食の時間にひとしきり風が吹いた。桜のわくら葉がしきりに落ちて、運動場の一画を点々と鮮やかに彩った。午後、私は悦子と二人で外に出てその葉を拾った。一枚の葉が黄と赤とに巧みに彩られて、それぞれにその趣があり、どんなに絵の達人でもこれほど微妙な色合いを出すことは出来ないであろうと思うほどに素晴らしいものであった。私と悦子は拾った葉を互いに見せ合いながら感歎した。このまま捨てるのはもったいないと思い、集めたものを押し葉にすることにした。教壇の上に新聞紙を重ねて敷き、間にていねいに桜の葉を挟み、あり合せの板をのせた。重しを探したが適当なものが見当らなかったので、「ま、いいや」と言いながら、二人はさしあたりその上に背中合せに体を寄せ合い、そっと腰を下ろした。

悦子の小さい背中のぬくもりが私の白衣を通して伝わってくる。悦子はむこうを向いて両膝を抱えるような格好で小さいお尻を下ろし、前日少女舎で食べた夕飯のおかずのことや夜の自習時間に中学のお姉ちゃんが演じた失敗談、さらには少女舎のお父さん、お母さんについて独りでたて続けにしゃべった。それも実に楽しそうに。私は教室の外の、まだ時折ハラハラと舞い散る桜のわくらばを見やりながら、この子は以前に比べてほんとによく話をするようになったことよと思いながら、じっと聞いていた。

年が改まって一月になると、中学三年生には高校入試が控えていた。療養所の生徒は岡山県の邑久高校の分校に進学し、そこで四年間の課程を修めるのである。その年は岡山から大村指導主事が来校されて一月十七日に入学試験が実施された。

ハンセン病は治療すれば全治する病気である。特に子ども達は症状が軽いうちに来るので、いつまでも療養所に留まると考えてはならない。病気が治癒しさえすれば、小学生でも中学生でもいつでも社会の学校に復帰出来るのである。それで、いつ社会の学校に出てもひけをとらないように、また、たとえ邑久高校に進むとしても入試を受けなければならないので、療養が第一とはいうものの、学年相応の基礎学力はつけておきたいと、私は日頃から考えていた。

また同時に、子ども達の前にどんな未来が待っていようとも、それに対処出来るような強い精神力を持った人間に育って欲しかった。こと悦子に関しては私はどうしてもいとしさが先に立って、ともすれば先まわりをして手を貸そうとしがちだった。しかしそんな行動は徒らに依頼心を起させるばかりで、決して彼女の将来のためにはならない、と自戒していた（その点では当時の悦子には子どもなりの根性はあった。これは私の贔屓目ばかりではなかったと思う）。

二月に入ってまもなく、国語の時間に「麦ふみ」「ふぶき」という二編の詩を教材としてはじめて詩の学習をした。授業中悦子は大変楽しそうに生き生きとしていて、これらの詩を何度も何度もくり返し読んだ。そして大変好きだと言った。

悦子が「ふぶき」の詩で一番好きだと言ったセンテンス。

「風がふいたとき四人はかたまった」

「風がやんだとき四人は手をつないだ」

詩の全文をここに掲載すればよく理解出来ると思うけれど、ほとんどを忘れてしまったので残念である。要するに吹雪にさらされた四人の子ども達が突風に思わず身をすくめて体を寄せ合って固まり、風が止んだとたんにホッとして固まりを解いて手をつないだという、子ども達のごく自然な心の動きと無意識な動作の中に、ほのぼのとした友情を悦子は感じとったのであろう。

この詩を学習した発展として、「詩を作ってみよう。どんなことでも詩になるのだ。思ったことをそのまま書いてみよう」ということで、その次の国語の時間に悦子に詩を書かせてみた。次の詩がそうである。

お日さま

ガラスをすぼし
お日さまをみたら
あかく見えた。
お日さまは見えるときと
見えないときがある。

お日さまがくもにかくれたとき
へんなてんきになる。

数日前のお天気の日、ほんの戯れに二人でガラスの破片をいぶして太陽を見たことがあった。その感動が彼女の心にまだ残っていてこんな詩を書かせたのであろうか。

翌日の理科で「太陽のうごきとかげ」の実測をした。運動場の一番日当たりの良いところに棒を立て、テープを使って十時、十一時、十二時、二時、四時、五時と実測をするのである。悦子はかつて距離の実測をした時は巻尺の音を立てながら引っ張って測ることを大変楽しがったが、今度も外で学習することが嬉しいのか私の影をちょっと踏んでみたりして戯れるのであった。棒の影の変化は即ち自分の影の変化でもあり、一日の中でも時間によって太陽の位置が変わり、そのために自分の影法師の大きさと位置も変化することを改めて確認したのであった。

二月の五時といえばもう大分遅い。よくそんな時刻まで屋外での実測をやったものである。翌日は前日の実測をもとに「太陽のかげとうごき」の学習の整理と記録をした。

二月の半ば、悦子は前日降った雪のことを詩に書きたいと作文用紙を催促した。

わたゆき

わたゆきがふった。
外に出てゆきのうたをうたった。

ゆーきやこんこ、あられやこんこと
なんべんもうたった。
もっと、どんどんふらないかなあ。
そらを見たらそらはへんな雲だった。

その翌日、体育の時間に教室横の芝生の広場に出た。ふと見ると、真向かいの鞍嶽が雪をいただいて輝き、まことに美しかった。私は思わず大声で「悦ちゃん、ほら、鞍嶽の雪、きれいねえ」と山頂を指さしたのであるが、悦子は少し目を細めただけで無表情で立っていた。走って行って体を寄せ、悦子の目の高さに腰を落してみると、彼女にはすぐ前の塀が高くて山が見えないのであった。幸い塀には三十センチ四方くらいの穴が一カ所空いていたので、私は彼女を抱え上げてその穴から向こうの雪の山を見せた。下ろすと、「もっと見たいなあ」と言うので、それでは外に出て見ようかということになった。

学校の教室のすぐ後が中山監督の映画「あつい壁」に出てくるあのコンクリートの長い塀で、その塀に沿って一本の道があり、一般の通路となっていた。出口までは悦子の足で約十分くらいはかかったが、私達は出口を出て道を突き切って野に出た。

はるか東方に阿蘇を望み、真向かいやや右手に鞍嶽がなだらかで優美な姿を見せ、その左手の少し離れた位置に八方岳《やほがたけ》の男性的な山容が眺められた。阿蘇は無論雪であったが、鞍嶽がその頂上に雪をいただいて輝いている姿は美しく神秘的であった。

私達は枯野に佇みしばらく黙って雪の山を見ていた。時々風が吹いて来て足許のすがれたアレチノギクが微かな音を立ててゆらいだ。はるかむこうに麦踏みする人の姿はあったが、私達二人の他はほとんど人影もなく、真昼間というのに実に静寂であった。私は何だかふっと淋しくなった。

「先生、もうかえろう」と悦子がポツンと言った。やはり淋しくなったのであろうか。二人はもと来た方角に引き返した。悦子は黙って私の後についてきた。

二月の下旬に入ったある日、天気がよかったので「冬の芽」の自然観察をしようと園内を歩いた。

霜柱立ちて光れる畦道にスカンポはすでに赤き芽を持つ

まだ二月ではあったが園内の日当りのよい場所ではスカンポが驚くほどに鮮やかな紅の芽を伸ばし、沈丁花や木蓮はまだまだ厳しい寒さに耐えながらも確かに蕾を育てつつあった。道の辺の雑草たちもやがて来る春のためにひそやかではあるが力強くその準備を進めていた。悦子は適確な表現の言葉はまだ持たないにしても健気な植物たちの生命の息吹を彼女なりの目で確かに見たはずであった。

二月二十二日

ステレオによる音楽授業。音あそび。「はごろも」のリズム打ち。動作で表現する。復習として「きくの花」と三拍子のリズム打ちなど、大きい声を出して唄えるようにという私の願いもこの頃では大分出来るようになったし、オルガン練習なども織り込んで今日は大変楽しく学習できたようだ。

音楽の時間にステレオを持って行けば、中学の生徒が夢中になる。授業が終ればとたんに喜んで小学校の教室に来るので持って帰ることも出来ない。

分校では三十七年度の備品として卓上ステレオを買ってもらっていた。教室が職員室から二百メートルも離れていて高価なステレオを置きっぱなしということには不安があったので、その都度持って行ける卓上ステレオを選んだのであった（音響はもうちょっとと思わぬでもなかったが）。

私が音楽の授業にそれを持って行くと、中三のYが授業が終わると隣の教室から走り出てきて自分が持ってきたレコードをかけるのである。Yは目を輝かせて実に楽しそうに聴き入っていた。私はそれを見て、彼らにこそ楽しい音楽を聴かせたい、美しい曲を聴いてもらいたいと思った。来年度は鑑賞曲のレコードを買ってもらおうと思うのであった。

翌日、五時間の授業が終り、悦子を帰して学校から職員室に戻ろうとしているところにまたYが教室に来た。Yは私の顔を見るなり、「先生、僕『怒りの葡萄』今読んでるよ」と言った。今度はレコードでなく文学の話をしに来たのであった。

「へえ、あのスタインベックの……。あんなの読むの、えらいなあ」。そう言いながら、私はスタインベックの大長編を読むという意欲に感歎して、改めてまじまじと彼の顔を見た。

「ゆうべ夜おそくまで読んだけど、ジョード一家が可哀相で、また移民の農夫達があわれで僕は腹が立ったよ。どうしてあんなに移民達はひどい目をみなければならないのか。貧しい者や弱い者はなぜあんなに虐げられなければならないのかと、僕は腹が立って眠れなかったよ。でもあれは外国のことだと言ってしまえないところもあるね。日本でだって農民は虐げられたもんね。でもあれはほんとにひどい」ときびしい顔で言った。

一九三三年から二年間、アメリカでは北はモンタナ州から南はテキサス州にかけての平原地帯でかってない規模の砂嵐が吹き荒れた。家畜は全滅し、耕地は一夜のうちに砂丘と変わった。この天災のためにオクラホマの貧農ジョード一家は土地を捨て、宣伝ビラにつられてボロ車に毛布と炊事道具を積んで山脈や砂漠を越えてカリフォルニアへと二千キロもの旅をする。

しかしそこには、同じように土地を捨てた浮浪農民達が各地から集まっていて、たちまち労働過剰となり賃金は切下げられて働いても働いてもなお飢えるのであった。漠然と団結抗争の意識が彼らの中に浮かぶが、それは「赤」としてまた一層迫害される。農民達は資本家、地主、官憲のあらゆる暴虐に遭いながらも、決してとげられそうにもない自分達の土地を持つというはかない夢を描いて苦難に耐えた。この悲惨な農民達の飢えは次第に怒りとなり、カリフォルニアの沃野に実を結んだのは他ならぬ「怒りの葡萄」であった。

このスタインベックの小説はアメリカ商業主義への怒りをこめた烈しい抗議の文学と言われているが、スタインベックはその中で「人間というものはどんな苦難にあっても生き続けてゆくものだ」という彼の信念を、息づまるほどの迫力と緊迫感とをもって描いてた。

『怒りの葡萄』読後の感想をひとくさり私に告げてYは教室を出ていったのであったが、私は独り教室に残って、つい昨日この教室でうっとりと実に楽しそうにレコードに聴き入っていた穏やかなYの顔を思い浮べながら、今日はまた思いつめたもう一つのきびしい貌を見せた多感な少年のことをいとしいともまた頼もしいとも思うのであった。

二月も残り少なくなり、まだ寒いとは言いながらわが家でも庭隅には霜の中に早くも二つ三つの蕗の蕾を見出すようになった。何となく日の光も和んだと思う日も多くなった。学校では中学三年は試験も終り、ホッとしているようであった。

ある晴れた日であった。三時間目の休み時間に教室の窓の下に人の気配がしたので覗いてみると、Yが一人で一心に学校園の手入れをしていた。彼は「この花が咲く頃には学校を出て行くのだがなあ」と言いながら、まだ幼い蕾を持つ水仙に支柱を立てて紐で結んでいるのであった。

私は窓からその手元をジッと見ながら、ここ数日の間にはからずもこの少年Yのいくつもの貌を垣間見た思いがした。過ぎし日には恍惚の、次には憤怒の、そして今は溢れる優しさの。しかし、彼がその時々に見せた姿は異るように思われても、その心の奥は一つのものであるということを私はしみじみと感じ、胸が熱くなった。

私が分校に赴任した時にはYは既に中学生だったから直接担任はしていない。体格もよく怜利なこの少年は将来は映画監督になりたいと言っていたと聞いたが、どうしているだろうか。私は今、この回想を書きながら改めてYの面影をはっきりと思い起こす。

7　友と別れて

私はこの回想記を書きながら何度か、かつての恵楓園の分校に行ってみたいという想いにかられた。子ども達と過ごしたあの学校がまだ残っているかどうか、気になったのである。私があの分校から本校に移ったのは昭和四十六年四月であったから、その後十八年の間行っていないことになる（この7章を書いたのは平成元年の七月である）。

最後は小学校に女の子だけ四人残っていたのが揃って中学に進学したので、小学校は休校という形をとった。一人でも転入者があればそのときはまた分校に帰るということで私は本校に移った。しかし小学生の転入者はそれ以後無かった。中学の方もこの最後の女の子達四人が三年間学んで卒業すれば終るはずであったが、その後男の子の転入があって小学校休校後も存続し、昭和五十七年に廃校となっている。

私の家から恵楓園までは約七キロの道程があった。退職した直後には何度かその近くまで歩いたことはあったが、園を訪ねることはやはりためらわれた。近年は自分の体力を験して歩いてみようかという気持ちもあったが決行しかねていたところ、幸い近所の友人が車に乗せて連れていってくれることになった。この友人は父上が長年恵楓園に勤務されていたこともあって始終ここに出入りしていて、園についてはそれなりの思い入れの深い人であった。

私は、園の塀の外側の、かつて悦子と二人で鞍嶽の美しい雪を眺めて歩いたあたりは年々変貌していてもう昔の面影はないことをおおよそは知っていたが、今回行ってみて園の内部も見違えるほどに変ったと思った。かつて私がいた頃の古い建物はほとんど見当らず、入所者の住居も真新しいものばかりが立ち並んでいた。しかし、かつての学校だけはそのまま残されていた。運動場の真中には見覚えのある「リングジム」が錆びたままの姿で残っていた。あれは四十二年度の教材用備品としてたしか五万八千円かで購入してもらったもので、石抜製作所が運動場に据え付けてくれた時は珍らしさもあって子ども達は休みの時間を待ちかねて遊んだものであった。

校舎の正面の教室には「アマチュア無線クラブ」と書いてあったが誰も居なかった。左手昇降口の方に回り、ガラス戸を開けるとその部屋には「草の花俳句会」と書いてあった。誰も居ないとは思ったが、念のため「ごめんください」と声をかけてみたら、どこからか返事があった。相手も思いがけぬ声に驚いたのか、上衣を着ながら出てこられた。私達は来意を告げて入れてもらった。

そこはもとの理科準備室で、かつて私達が使用した教具類がいっぱい立て込んだ風通しの悪い一室で、この人は一人で一心に絵を描いておられたのであった。描きためた作品は昔の家庭科教室（卒業・入学式などを行った、分校では一番広い教室）にいっぱい置いてあり、いずれも数カ月はかかると思われる六十号、八十号くらいの大作ばかりだった。県の美術展入賞の経歴もあり、今年も搬入をすませられたということであった。

私はこの人の気力に感服した。とにかく一つのことに打ち込み、やりとげるという行為が如何に素晴らしく尊いことか、ゆくりなくも出遭ったばかりの人に学んだ。この人がまだ青年のように若々しく見えるのも恐らくはその充実した生活のためであろうと思いながら、私達はそのひたむきさに惜しみない称賛と激励の言葉を贈ったのである。

この人に限らず、園には他にも絵や彫刻・短歌俳句・詩・音楽など各方面に堪能な方達が沢山おられる。毎年行われる文化祭での菊作りの見事さについては先に述べたが、私は入所者の方達の作品を見て驚嘆した。現に今、私達合志町の「合志広報」に発表される彼らの短歌俳句も読んでいる。まことに透徹した心境を詠み、県民文芸短歌の部一席の栄誉を得られた女流歌人もあり、みなそれぞれに精進を続けておられるのである。

さて、その教室に数枚並べられた絵のすぐ後ろには、かつて私が弾いたオルガンや机、図書類もそのままの形で残されていた。そして隣の教室の入口にはまだ「小学校教室」と十八年前のままの札が掲げられていた。昇降口の前に数本あった芭蕉の木もそのままで、緑の葉を靡かせていた。かつて悦子と美しいわくら葉を拾った桜の木は枯れかかり、真向かいの欅の木だけが逞しく茂っていた。この校舎もやがてとりこわされる予定であると聞き、いい時に訪れたと思った。しかしそうなればこの方のアトリエもなくなるなあと思いながら、しばらく運動場に佇んでいた。すぐ前の欅の梢では法師蟬がひとしきりせわしく鳴き立てた。

子ども達と遊んだ校舎のすぐ横の芝生の広場には住居の棟が建っていた。私達は学校から東方へ今もきれいに清掃された御殿（お寺）の前を通り、白いマリア様の優しい像のあるカトリック聖堂から法華堂の前を通り、れいめい教会（新教）の前をぬけて東公園へと歩いた。このコースは悦子とよく通ったコースである。

私が学校を去って十八年、その間に新しい建物も増え、恵楓園は昔に比べてずっと明るく開放的な印象に変わっていた。広場では沢山の人達がゲートボールに興じていたが、どこからか交流試合にでも来ていたのだろうか。園へ入る道がいくつも出来ていること一つをみてもこの園の開かれた様子を如実に物語っていた。

訪ねた日が日曜であったせいかあまり多くの方には出合えなかったけれども、私は自転車や歩いてすれ違う人達と会釈を交しながら何となくほのぼのとした気持ちになって、来てよかったと思った。

五月には美しい肥後菖蒲が咲く東公園の池には見事な鯉が泳いでいた。そこには「コフキヒメイトトンボ棲息の北限地」という説明がしてあった。この公園の池のほとりでは、かつて入所者のHさんから子ども達との写真を何枚も撮ってもらったことがあって、私はその写真を今でも大切に持っている。

さて二月の終り、二十八日に、私と悦子とのたった二人のきりの教室に一人の少年が転入してきた。彼は社会の匂いをプンプンさせて私達の前に突如として現われた。独りの淋しさに慣れていた悦子はこの新しい友を得たことで生き生きと瞳を輝かせ、関心の強さをありありと示した。少年は腕白ざかりの四年生で、そのために一人ずつとはいえ二年と四年との複式の授業ということになった。園の慣例に従ってまず姓名を改め、以後園内ではその名で呼ばれることになった。ここでは山田隆と呼ぶこととする。

少年は朝会で小中学の全員に紹介された。日頃変化に乏しい中にいるからか中学生達も悦子同様に強い関心を示して嬉しそうであった。朝会が終ると小学校の教室に入った。この少年ははっきりした子で、まず分校の第一印象を述べた。ただどうして急に入園することになったのか、どこへ行くのかは彼自身はっきりとはわかっていなかったようで、友達や先生とも実に慌しい別れをしてきたことを手短かに話した。

少年は二時間目に診察に行くことになった。学校では三時間目に治療の時間が組まれていて、子ども達は毎日それぞれの治療を受けるのであるが、新入りのためにお父さん（寮で親代わりになって子ども達の世話してくれる人）に付き添われて早目に出たのであった。

彼が診察を終って教室に帰ってきたのは四時間目の音楽の授業中であった。彼は自分の席に戻るなり直立して、何のためらいもなくごく自然に大声を出して悦子の歌声に和した。二年生の教材であるからよく知っていたのである。悦子がちょっと小首をかしげて彼を見た。私もオルガンを弾きながら、ちょっと不協和な音声ではと思った。私も悦子もそれこそはじめて聞く彼の歌声であった。

彼は少しとまどっている私達二人を全く無視して、ほとんど独唱のようにして自分のペースで歌った。しかし、どうも半音ずれるのである。私はオルガンを弾きながら、今にもふき出しそうな顔をしている悦子を目で制したが、彼女は彼女で私に心得顔に頷いた。

こうして、悦子と隆と私との三人の幕明けはいとも賑やかに、極めて喜劇的にその第一歩を踏み出したのである。

三月三日からは中学は考査のために二時間で終ったが、中学生が帰った後も小学生は普通の授業をした。隆は授業中の姿勢がよくなかったが、その割には私の話は聞いているのかよく受け答えをし、学習の意欲を見せた。私は隆のそれまでの学校での進度などを調べて漢字の書取りをさせてみたが、かなり不正確で筆順はでたらめであった。しかし、そんな子どもはどこにもいっぱいいることで、私は急がずにこれから楽しく付き合っていこうと思った。それにしても本当に素直で子どもらしく、活気のある子だった。

私は、これからは授業の方法をしっかり考えねば能率が上らなくなると思った。こんな特殊な状態での学習指導というのは私自身経験がなく、二人の子ども達にしてもはじめての経験なのである。いきおい、しばらく学習の進度が足踏み状態になることは仕方のないことではあった。

翌日、悦子は「ひなまつり」の授業を面白く学習した。書写をしているはずの隆も思わず悦子の方につりこまれて授業に入ってきた。悦子は彼が来たことは嬉しいとは思ったものの、これまでのように私を独占することが出来なくなり、何となく隆の存在が気になるようでもあった。隆は隆で、それまで級友が数十名いた学級から転入してたった一人になって、落着いた態度で学習出来るはずもなかったのである。

そのうちに私は隆が正確に漢字を覚えるように毎日書取りのテストをすることを彼と約束した。そうすれば彼に欠けた注意力も取り戻せるのではないかと考えたからである。悦子も加わって、毎朝七、八分をそのために費した。しばらく続けていくうちに、二人は朝始まるとすぐ私に書取りの用紙を催促するようになった。

ある朝のこと、教室で隆が悦子にむかって突然、「お前、足が悪いのか。お前、ハンセン病で入園しているのか。小児麻痺か」と言った。私はハッとした。この子は平気でそんなことを言うのである。悦子は妙な顔をしていた。

授業が終ったとたん、隆が教室からいなくなった。運動場を見ると、一人で自転車に乗っていた。どこから手に入れてきたのか危なっかしい腰つきであった。私は廊下の窓からその姿を見ながら、故郷を離れ父母のもとからたった一人見も知らぬところに来てどんなに淋しかろうと思ったが、やはりそこは子どもである。私の思いとは全く何のかかわりもないかのように隆は夢中で自転車を乗り回していた。

隆は転入して間もなく、国語の時間に作文を書いた。

(前半は省略)私は○○の学校をうつる事にきまりました。いよいよお別れの日は、お父さんと学校に行きました。みんなは「どうして熊本へ行くのか」と聞きました。先生も、「もっと早く言ってくれればよかったのに。どうして行くのか」と言いました。私はお父さんが「早く」と言ったので、急いで○○君をろうかによんで二人で別れをしました。私は「伊賀のかげ丸」を渡しながら、「これをぼくと思ってくれ」と言いました。○○君は、色がいろいろに光るビードロの玉を、ポケットから出して、「これがぼくだよ」と言って宝物を交かんしました。(以下省略)

淡々と書かれたこの作文を読みながら、私は思わず胸が熱くなった。せき立てられるように廊下へ出て、誰も来ないうちにと無二の親友との慌しい別れ、「伊賀のかげ丸」も「ビードロの美しい玉」も、恐らくはグリコか何かのお菓子のおまけにでもついているような素朴なものであったろうと思う。でもそれは大事な大事な物で、この年頃の少年の大方がポケットに肌身離さず隠し持っている宝物だった。それは、たとえ授業中でもそっとポケットに手をつっ込んでは握りしめ、確かめ確かめしたかけがえのない物なのである。

私は、作文を読んではじめて知った、劇的な別れをして故郷を去って来た少年が、過去に何事もなかったかのように、また将来何の憂うることもないかのように運動場で無心に自転車を乗り回している姿を目で追いつづけた。これからこの子の療養の生活が始まるのであった。それがどれほどの期間を要するものか私にはわかるはずもなかったが、私は早くこの子が健康になって故郷に帰り、親友の少年と再会出来る日の来ることが一日も早からんことを目をつむって息を止めるようにして祈った。

隆は校門から私が見ている窓の方に向かって自転車を真っ直に漕いでいたが、急に向きを変えて右回りし校庭を一周して私の目の前の桜の木の下で自転車を下りた。ちょうどそのとき、呼吸を合わせたかのように始業の鐘が鳴った。

四月八日（昭和三十九年）始業式

講堂に椅子を八つ並べた。これが小・中全校生徒の人員である。ほんとに淋しくなった。しかし、それでよいのだ。過去に七十人余りいた時期もあったようだが、今のこの現象は実によろこばしいことなのである。生徒数が減ったので中学の男の先生二人が転任され、あとは中学の教師二名と私とで教師は三名になった。

九日は午前中大掃除、午後は生徒会。人数が少なくなったので掃除が大変である。小中合わせて特別教室なども含めると九教室もあるのだ。進級して三年生になったので悦子も自分の教室の掃除を一人でやることになった。悦子と隆は割り当てられた教室の掃除を自主的にやっていたが、私は悦子には少し無理ではないかと思った。モップを使うというより、むしろモップに体を振りまわされるような格好なのである。私と一緒にするのではあるが……。

翌日、医務部長の許可をうけて、二キロくらい離れた群の堤にオタマジャクシを取りに行った。中学生も一緒である（現在はこの群山の麓は自衛隊の演習場となっている）。学校から往復四キロ、悦子には少し遠すぎるかもしれないと思ったけれども、彼女は好奇心もあってついてきた。しかし、少し時期が早くてオタマジャクシはいなかった。

帰りは悦子があまりに疲れた様子だったので私は背負うことにした。ちょっとしゃがんで背中を向けるとためらう様子もなく負ぶさり、私の首に両手を巻きつけてべったりと重みをかけてきた。私は足を踏みしめて立ち、悦子をゆすり上げた。悦子の両脚がだらりと下がった。それは意外に軽かった。私はわが子でさえこれほど大きくなってから背負ったという記憶はなかった。やっぱり無理だったなあと、私は悦子を遠くまで連れて来たことを悔いた。

かつて私はわが子を背負った時、肌に伝いくるぬくもりをしみじみと感じた。それは実に愛しいぬくもりであった。しかし、その子育てもとうに終わり背中に伝い来る子のぬくもりも忘れて久しい今、私は悦子を背負って何とも不思議な思いで春草の上に立っていた。

わが背なに悦子がぬくみ伝い来て切なく今しこみ上ぐるもの
背負うには余りに長き脚なれど意外にかろしあわれこの子は

四月十四日

隆の前の学校から送ってきた指導要録を本校から安藤校長がわざわざ教室まで持って来てくださった。「あなたの校長先生よ」と隆に紹介し、校長先生も隆に優しく話しかけられた。はじめて会う校長先生ということもあって、隆は緊張しながらも嬉しそうであった。

悦子も次第に隆との毎日に慣れてきて、お互いに戯れ合うようにもなった。ある日は三人で園内を歩いてみた。悦子は前年までは私とよく園内を歩き疲れもさほど見せなかったが、その日は少し疲れたようであった。隆は先に小走りで行き、道をはずれて叢《くさむら》の中に入ったり、行ったり来たりしてせわしく動きまわった。悦子は落椿を拾ったり、道の辺の花を摘んだりしていつの間にか一人遅れた。私と隆は悦子が来るのをしばらく佇んで待つのであった。

紅椿持ちつつ遅れあゆみくる悦子を待ちて男の子と佇《た》つも

隆はいつの間にか何となく悦子に心遣いを見せるようになった。授業が終ってから黒板の板書を悦子が消そうとして手が届かずにいるのを見ると、そっと手を添えて消してやり、自分はさっと廊下に出た。私は見るともなく見た隆の悦子に対するさりげない仕草に、あの子にはこんなに細かい心遣いをする優しさがあったのかと、園内散歩の時の彼の気配りをも思い合わせながら、改めて腕白ざかりの隆の後姿を眺めたのであった。

ようやくに届く悦子に手を添へて隆は板書を消して出でゆく
ここに来ていたわる事を覚えたる男の子よ腕白ざかりというに
憂き事も知らざるごとく生き生きとしばらくの間も遊び呆くる

隆はこちらに来て以来、まだ一度も故郷の家には便りをしていないと言った。子どもだからそうかも知れない。近いうちに学校で手紙を書かせ、私もこの子の様子を書いて同封しようと考えた。

四月も半ばをすぎると、いつの間にか校庭の桜も欅の木も若葉から日毎に青葉の世界へと変わっていった。

8　教育日記

自然の風景が晩春から初夏へと移ろうにつれて、次第に日射しも強くなってきた。少し暑くなってきたせいか教室の雰囲気も何となく活気がなかった。子ども達は大変活気のある日があるかと思うと朝からあくびをしたりする日もあって、授業もなかなか私の思うようには進まなかった。社会の学級では大勢の中に一人不調な子がいても全体の雰囲気にはさして影響はないが、ここでは全員でたった二人きりなので良くも悪くも互いに影響し合うのである。朝から二人共何となく疲れている様子で、こんな日にはどうしたら楽しく学習出来るかと私は悩むのであった。

翌日は、隆の理科の教材「花のしくみ」について学習をした。その後で初めて顕微鏡を使用し、一通り取扱い方や操作の説明をしてからあぶらなやチューリップの花粉などを見た。隆はいったん顕微鏡の操作を覚えると、後は一人で自由に操作した。悦子もはじめて顕微鏡をのぞいて驚異の目を瞠った。その日は顕微鏡が珍らしいということもあってか、二人共前日までとはうって変って別人のように意欲的な学習態度であった。

四月のある日の手記の中に私は次のように記している。

たった二人しかいない子ども達だから授業に変化は無いにしても、たった二人だからこそまた心の通い合う学習が出来るはずである。それなのに、一時間一時間を反省して、また一日を振り返ってみて、私はいつも物足りなく、不満である。それは自分だけが力んでいるように思えるし、また、一つには何か、もっともっと大切な何かを私は忘れているのではないかという思いにかられるからである。

子どもが二人きりであっても、毎日の授業は決しておろそかにしてはいけない。どこに出ても遜色のない学力をつけておきたいという気持ちが常に私の中にはあった。しかし子ども達は正直なもので、刺戟がなければ退屈し興味も示さない。子ども達が学習の意欲を持つようにするには、結局は教師の、それは私自身の指導・実力の如何にあるということはすでに承知しているつもりなのに、授業のあとにはいつもそのことを再確認するのであった。

四月の終りはどこの学校でもそうであるが、ここでも数日間身体検査が行われる。そのため、学校から病院に行く。その途中で隆が、「昨晩寝てから足が痛くて痛くて眠れなかった。やっと少し眠ったかと思ったらまた痛くて目が覚めた」と言った。私はこの子に神経痛が襲ったのではないかと不安になった。しかし隆は続けて、「自分でもM兄さんみたいに神経痛ではないかとも思ったが、僕はそれとは違う」と平然と言った。

診察が終ってから私はそっと校医の先生に聞いてみた。先生は再び隆を診られた。そして「異常はない」と言われたので私はホッとしたのであったが、隆は「そうでしょう。先生があんまり心配するから」と私を見て笑った。私はこの子の明るい将来を信じながらも、また心のどこかに不安があったのである。

　身体検査が終ってから、前の週から学習していた「花のしくみ」についてのまとめをした。花の中でも、一つずつ咲く花、集まって一つの花のように見える花、虫の来る花と来ない花、風や鳥などの力を借りて翌年も芽生える花。それぞれに花は花なりに自然と密接な関わりを持ちながら短い命を精いっぱい生きてゆく姿を学んだ。

　それはテレビ番組「タンポポの花」を見ながらの学習で、この番組は十一時半からなのでちょうど昼食の時間にかかる。悦子は先に帰り、中学生もみな教室から帰ってしまって食堂で昼食しているのに、隆は一心に番組に見入って動かなかった。今回に限らず、隆が真面目に学習しているのを見て、時には中学生が廊下を通りながら冷やかしたり水をさすようなことを言ったりすることがあったが、彼は一向に気にしないようなところがあり、私はひそかに頼もしくも思うのであった。

　悦子は前日の検査から、もう一度眼科の診察をうけた。その結果、トラコーマのため一日に三度テラマイシンを引きに行くように言われたので、私はそのことを寮の父母に通知に行った。

　ある日の朝、一時間目、教室に行ったら隆の姿が見えない。どうしたのかと中学の教室に行ってみたら、中学の方も男子は全部居ない。中学のS君が今日退園するというので男の子は見送りに行っているとのことで女生徒だけが残っていた。寮のお父さんに連れられて行ったのであろうか、それとも子ども達だけで近くまで送って行ったのであろうかと思いながら、私はしばらくの間悦子と二人で校舎の横の芝生に下りた。プールを覗くとオタマジャクシが泳いでいた。私はそれを一匹手で掬って、走って教室の飼育水槽の中に入れた。悦子は観察記録に、「先生が、プールからオタマジャクシを手ですくった。まっくろくて大きいオタマジャクシ。これはきっと大きなかえるになるだろうとおもった」と書いている。

五月に入ったある日、二人共非常に生気のある様子で学習が始まった。自主的にやる時には大変能率が上がる。隆もこの頃は落ち着いてきたし、学習時の姿勢もよくなった。予習がよく出来ていたことを始まってすぐ賛めると、二人共一日中御機嫌であった。

その日は五時間で悦子を帰し、六時間目には隆と二人でかぼちゃの苗を植えた。隆は、草を取って耕し農園から貰った堆肥を入れるという作業を一生懸命にやった。小雨が降り出したので軒下に入るよう注意しても入らず、ちゃんと後始末までやり終えた。彼は、最後に農具もきれいに洗って定位置に納めた。私は先日のテレビのことも考え合わせながら、隆はやる気にさえなれば何でもやれる子なのだと思った。

数日後、小中学一緒に子ども達の心情調査を試みた（結果は次頁の通りであった）。

調査用紙を回収する時に、隆は「寮の生活は面白くない。もっと沢山仲間がいたら楽しいけれど、でもそれもやっぱりいけないなあ。世界の科学はもうこれ以上進まなくてもよい。科学が進めば原子爆弾などばかり出来て戦争になる。人間の殺し合いをして何になるか。それより、この病気の研究が進めばそれでよい」と淡々と話した。

隆の不満は、友達が少ないことであった。学校に行っても帰っても同じメンバーでは、関係が煮つま

	問	隆	悦子
1	毎日たのしい日をすごしていますか	たのしい	たのしくない
2	勉強はたのしいですか	中位よりちょっといい	おもしろくない
3	社会ではたらきたいと思っていますか	いる（社会の事を知りたいから）	いる（社会が面白いから）
4	少年少女舎はたのしいですか	楽しくない	あまりたのしくない
5	将来何になりたいですか	大学生	かんごふさん
6	心配ごとがあるか	ある	ある
7	心配ごとは何ですか	早くよくなってかえり安心させたい	早くよくなってかえりたい
8	信らいする友だちがありますか	ある（園内のY兄さん）	あんまりない
9	高校へ進みたいか	進みたい	わからない
10	家に便りを月何回位しますか	やらない	四回ぐらい
11	誰にしますか	姉に	お父さんお母さん
12	先生や寮父母におねがいしたい事がありますか	ない	少しおこづかいがほしい

ってくる。当時はまだ社会の学校では現在言われるような陰湿ないじめはなくて、子ども達は時には女の子でも派手に喧嘩をしたものである。その結果、お互いにその場で納得したし、家に帰ればまたガラリと変った家庭の雰囲気の中で学校での出来事をすっかり忘れることができた。大人から見れば実に他

愛ないと思われることも子どもの世界ではそれなりの理由があり、友達同士の間でもそれぞれの主張の違いもあれば不満もある。しかし、ここ園内ではギリギリの所までいくのはまずいということを子ども達自らが心得ていて、お互いに妥協することによって秩序が保たれているのである。行き届いた世話をして下さる寮父母の元で上級生は下級生の面倒をよくみてはくれるが、上級生といえどもまだ親に甘えてみたい年頃なのである――私は調査の結果を見ながら思うのであった。

数日後、隆は宿題をしてこなかったことで私からさんざん叱られて頭をかいていた。その隆が治療の時間に病院から一人早く帰ってきて教室に入るなり、「学校に来る途中で小父さんから回転饅頭をもらったよ」と私に見せ、「先生、さわってごらん」と言った。袋越しにさわってみたらまだホカホカしていて柔らかであった。隆は一つを袋から出して二つに割ると半分を私にくれた。今にもあんこがこぼれそうであった。「あ、そんな。私はいらないよ」私がアラアラととまどっている間に彼は「一つだけね」と言ってパクッと食べた。それから「これも食べてしまうよ」と私の分まで食べた。その間私は、今誰か帰って来て見られたらまずいと思ってハラハラしながら運動場の方を見ていたが、幸い誰も帰って来なかったのでホッとした。彼は「あと四つはお兄ちゃん達に上げる」と言って机の中にしまった。

結局、私は隆が回転饅頭を食べ終るまでずっと見守っていたという妙な格好になってしまった。私の思いも知らず、彼はまた机の中に手を入れて、「まだあったかいよ」と私を見て笑った。まことに天衣無縫、罪がないと言おうか、自然に、悠々と、しかもあざやかに演じ終えた隆の行動を、私はあきれるよりもむしろ羨しくさえ感じながら見ていた。

四月の終りに中学生が一人退園したばかりだというのに、その日は中二に転入生があった。二年間も病因がわからなかったというのである。

五月九日、私達の合志小中分校に菊池地方教育出張所から指導訪問があった。この日のために前日は全員で一通り学校の内外を清掃した。所長・管理主事・社会教育指導主事の先生方の訪問は新年度になってはじめてであった。当日は九時半頃に来られるかと思っていたら大変早く、しかも表や裏の入口からバラバラに入って来られたので少々慌てた。

指導訪問では出張所の先生方以外にも町の教育長以下教育委員全員、小中学の本校の校長・教頭、病院側からは園長はじめ医務部長他数名——これだけの方々に全員で僅か八名という子ども達の学習の様子を見ていただき、その後で園の本館の会議室で園長をはじめ先に述べた方々も出席して下さって出張所の先生からの講評をいただいた。その席上で分校主任の立田先生が学校経営説明の中で、私の教育日記「あゆみ」の中から短歌一首を取り上げて話をされた。先に記したオタマジャクシとりの帰りに悦子を負ぶったときのことを詠んだ一首である。

行事が全部終ってから立田先生が「社会指導主事の先生があなたの手記を貸してくれないかと言っておられる」と私に声をかけられた。私は「あんな短歌を引き合いに出したりしたからですよ。私はあれは人に見せようと思って書いたのではありません。毎日の私の思いを赤裸々に書きつけたもので、人様に見せられるものではありません」と言下に断った。「でも、あんなに言われるのを断ると失礼になるしなあ。あなたはそんな事には関心はなかろうが、請われなくても進んで自分の研究物等をこんな機会に見てもらいたいと思う人もあるのですよ」と立田先生は食い下がられた。

二人でそんなやりとりをしているところに当の社会指導主事が来られて、改めて手記を読ませて欲しいと言われた。私は一応は断ったものの、あまり固辞するのも失礼になるし、また主任の先生にも悪いと考え、「そう仰言るなら一つ約束をして下さい。先生一人で読んで、絶対にあんな（所長をチラッと見て）偉い方には見せないで下さい。そんなつもりで書いていないので文章も拙いし、字もきたなくて恥ずかしくて顔を上げられません」と言った。

「はい、それはもう絶対そうします」

「なるべく早く返して下さい」

私の教育日記「あゆみ」はこんなやりとりを経て社会指導主事の先生に渡されたのであった。

しかし、その日の帰途、私は電車の中で、今日は指導訪問に来られたのだから本当はあの手記も読んでもらっていろいろ指導助言していただくのが本当だったのかも知れない。けれど何となく面映ゆい。でももう渡してしまったからどうにも仕方がない、などと独り思うのであった。

手記はすぐ返して下さいと約束したのにその通りにはならず、一週間を過ぎようとする頃にやっと返って来た。袋を開いてみると、手記のノートの他に以下のような別の用紙も添えられていた。

恵楓園分校、藤本教諭の指導記録

――――
別冊指導記録を感慨深く読みました。現場の各教師の並々ならない努力に対して今更のように敬意を表するとともに、私たちにも更に教育に対し情熱を起させてくれます。社教の資料ともしたいと思いましたので拝借してきました。要点を抜粋して一般の認識を深めたいと思います。
先生方にも御閲覧願えれば幸甚です。

社教　〇〇〇

用紙の欄外には所長をはじめ庶務係長・管理主事・指導主事・社教主事と、教育出張所の全員がずらりと署名捺印しておられた。あんなに固く約束していたのに、道理でノートはいつまでも返って来なかったはずだと私は思った。
また次の用紙には、社会指導主事の私あての手紙が添えられていた。

藤本先生

先生の尊い記録を再読四読しました。しずかに更けてゆく夜に私は教育者の熱情に打たれて目が冴えてなりませんでした。恥ずかしいことですが、これ程の愛情で子供たちに接した体験を知りません。ほんとに先生に教えていただいて感激と感謝で一杯です。始めてお会いした先生方や、子供達の顔がつぎつぎに思い出されて忘れられません。ありがとうございました。くれぐれもお体を大事に頑張って下さい。機会を見てまた訪問したいと思います。先生方にもどうぞよろしくお伝え下さい。

最後には短歌が一首書き添えてあった。
更にその次の用紙には出張所長が書いておられた。

藤本先生　　五月十二日

都会の中、高、特に大学に於いては、教育は次第にマス・プロ化しつつある。しかし、分校は益々小人数化しつつある。産児制限と都市集中のためであろうか。一般の学校を広い、そして咲き乱れたチューリップ畑のはなやかさとすると、分校は灌木の蔭に咲くすみれのような感じ。だが本当の紫の色はこの野末のすみれがたたえているように、人と人との交流という本当の教育は数少ない子らと教師との間に咲いているのかもしれない。

「あゆみ」なる先生の日日の記録を見せて頂きました。短歌や文の中の句が胸をつきます。（中略）魂のふれ合いの大切なこともよくわかりました。お三人の先生方の日日のすこやかな歩みと子等の将来のよき日を祈りつつ――。

その先には詩が一篇添えられていた。

しかし、そうは言われても、私は子ども達に対して特別とりたてて何をしたというのであろうか。ただ毎日のまことにたどたどしい歩みそのままの姿を書いただけの手記なのに、出張所の先生方のあまりの反応に私はむしろ恐縮した。そして私は、かつて一年生の子どもの書いたたどたどしい作文が整った立派な作文よりかえって真情が溢れていて迫力があると感じたことを思い起こしたのであった。

恵楓園分校の子ども達は一般の山間や僻地の分校の子ども達よりももっと厳しい環境の中で、ハンセン病というハンディを背負い親元を離れて、療養のかたわら社会の子ども達と何ら変ることなく勉学に精を出し、誰もが一日も早い社会復帰を希いながら生活をしていた。私はそのことについて無知であり、恥ずかしいことながら無関心でさえあった。しかし、分校に来てはじめてそんな子ども達がいることを知ったのである。今から考えると、その当時はまだまだ世間一般の偏見と差別は強かった。普通なら楽しいはずの遠足につれて行っても極力人目をさけるような子ども達を見るにつけ、私はその子らがいとしくてたまらないのであった。

社会教育主事の先生はこのあと、ここの子ども達のことをあちこちで話されたようである。現に私の娘が教育実習に行っていた学校でその話を聞いてきたし、またその年、葦北の学校から菊池に転任した私の甥が新任や転任の教師の集会の席上で社教主事から恵楓園の子ども達についての話を聞いてきている。出張所長が「灌木の蔭に咲くすみれ」と表現されたように、当時はまだ全く一般の人、そして教師達からも忘れられたようなこの子ども達に、ようやく一筋の光が当てられたように私は思った。しかし、まだまだこの子ども達の行く道は容易ではない。これをきっかけとして社会教育の立場から一般人や教師達を大いに啓発して欲しいと私は希うのであった。

9　十万人に一人

五月も半ばとなったある朝のこと、私が学校の昇降口を上がって廊下まで来ると、悦子と隆はひっそりとしかも神妙に自習していた。珍しいことと思いながら私が教室に入ったとたんに、二人は異口同音に「金魚が死んだ」と言って教卓の方を指さした。

振り返ると、金魚が二匹教卓の上に横たえてあった。五センチほどの間隔を置いて縦に二匹並べ、しかもそれをお互い向かい合せにして、十分に拡がってはいないもののそれぞれの尾鰭を丁寧に拡げようと努力したあとさえ見えた。これは、朝登校したら既に死んでいたので、この子等は恐らく慈しみながらさわってみたりしているうちに、この金魚たちがまだ元気で軽やかに華やかにひらひらと泳いだ日の姿を思い起こしながら、せめてもの死化粧をと思ってしたことなのであろう。そう思うと私は、金魚の死もさることながら今まで可愛がった金魚に寄せる二人の心遣いの細やかさに胸打たれるのであった。

「ああ仕方がない。あれほど可愛がっていたのにねえ。昨日は水を替え忘れたでしょう」と私が言うと、隆はほんとうにすまなさそうな顔をした。残ったのは緋鮒だけだった。「先生、緋鮒は強いね。水をあまり替えすぎたのかな」と隆はつぶやき、「仕方がないなあ、もう。墓を作ろう」と言った。悦子より隆の方が余計に心痛んでいるように見えた。

隆の言葉に従ってすぐ窓の下の花壇の脇に墓を作った。私はまだ悦子と二人だけの時に、死んだ金魚を御殿（お寺）の西の隅に埋めたことがあった。その時に、小さく盛り上げた土を悦子が可愛い手でソッとたたいた仕草をありありと思い起こしていた。

今度の金魚の埋葬は隆が主になって二匹の金魚を並べて埋め土を少し盛り上げた。そしてどこからか木片を探してくると、手でごみを落として、「きんぎょの墓」と書いて盛土の真中に立てた。次に瓶に水を入れて来てその墓標の前に埋めた。今まで隆に任せてじっと見ていた悦子が、ピンクと紫の矢車草を持って来てその瓶に挿した。教室の花瓶に挿してあったものを持って来たのである。

腕白の隆にこんなにも優しい心があったのかと、私はしみじみとしたものを感じた。そしてこの子をこれほどまで素直に育てられた親御さんのことを思い続けているうちに、二人はまるで兄妹のように寄り添って墓の前にしゃがんで手を合せた。

それぞれ金魚にどんな追悼の言葉をおくったのだろうかと思いながら、まだまだ幼さを残した二人の背をじっと見て佇っている私に、悦子が「先生、拝んだの」と振り返った。悦子に促されるように私もしゃがんで手を合せた。この小さい生きものをいとおしむ優しさと純粋さとをこの子らがいつまでも失わずにいて欲しいと、私は切に希った。


教卓に死にし金魚を並ばせて今朝はひそけくわれを待つ子ら

何気なく入り来しわれに詫びるごと金魚が死んだと子らは告ぐるも
「金魚の墓」と書きて花など手向けゐる二人の背なを見つつ佇ちをり

翌朝はたった一匹残った緋鮒も死んでいた。二人は私に背を向けて金魚鉢の前でボソボソと何か呟いていたが、私を見て「また死んだ」と言った。私は嘘かと思ったが、やはり本当に緋鮒が浮いていた。隆は頭をひねりながら惜しがっては緋鮒を何度もさわった。ちょっと生臭い匂いがした。私達は緋鮒も前日の金魚の墓の中に一緒に入れて葬った。

隆が「あーあ、みんな死んでしまった」と残念がっているのを見て気の毒に思ってか、中学の脇坂先生が金魚を一匹ゆずって下さった。隆は「脇坂先生に対して済まんから、今度は死なせたらいけないね。中学生が水替える時にこちらも替えてみよう。少し替えすぎるのかな」と言った。

私達の教室では金魚とオタマジャクシ（悦子が作文に書いた、私がプールから掬ってきたもの）とを別々の水槽に養って観察をしていたのであるが、飼育は二人がそれぞれ分担して世話をしていた。金魚の世話は隆が「悦子ちゃんはつまずいたらいけないし、水道の蛇口が高いから僕が金魚の水を替えるよ」と足の悪い悦子をかばって自分から買って出た役であった。そんないきさつがあったので隆はこの金魚の死については悦子よりも余計に惜しがり、また責任も感じているように私には思えた。以後、隆は金魚の水替えの時は教室から水道の流しまでの廊下を金魚鉢を捧げるように持ち上げて神妙な顔をして歩き、水を半分だけ替えるようになった。

金魚の水替ふるは隆の係にておたまじゃくしは悦子の係り
金魚鉢捧ぐるごとく持ち来ては今日もこの子が水替ふるなり

「今度の金魚は絶対死なせてはいけないね。でも生きているものはみんな必ず死ぬと、なぜか僕はそう思っていた。やっぱりそうだったね」と隆は私を見て言った。生者は必滅し会者は常離しなければならない永劫不変の理を、金魚の死に接して隆は事もなげに言い放ったのであった。

生けるものは必ず死ぬということを今朝は見たりと隆は言へり

二、三日後のある日の六時間目に、隆が「今配給をもらった」といってラーメンを五、六把新聞紙にくるんだものを私に見せた。その中から一把を出して、「これ先生に上げる」と言う。
「あら、そうかい。でも夜食べたりするのに一把でもとっておいたら」

「先生、遠慮いらんよ。社会で買ったら高いだろう。脇坂先生と一把ずつ上げる」

脇坂先生がちょうど廊下を通られたので、「隆君が先生におみやげですって」と声をかけると、「あっ、ありがとう」と言って貰われた。

私と脇坂先生と一把ずつ持っているのを中学生のS子が見て、「先生、それもらったの?」と聞いてきた。「隆君がくれたの」と答えると、「先生、それ食べるの？」と彼女が重ねて問うので、「うん、食べるよ」と答えると、嬉しそうににっこり笑った。後でS子は脇坂先生にも、「ほんとうに食べるの？」と聞いたそうである。

私達が学校から職員室に帰る途中で少年少女舎のお母さんにばったり出合った。私が「隆君が今くれたので、ラーメン持って帰っています」と言うと、お母さんは「ああ、それはどうもありがとうございます」と言って少し行きかけてまた後戻りして、「患者向けの配給品でも先生ほんとうに召し上がられますか。だったら上げていいかわからんけど食べて下さい」と、またラーメンを一把ずつくださった。「まあ、こんなに沢山いただいていいのですか。すみません、いただきます」と私達は礼を述べた。

私達が持ち帰ったラーメンを見て主任の立田先生が「せっかく貰ったのだから後で食べよう」と言われ、放課後三人で二把を炊いて食べた。

しばらくすると、中学のS子が職員室の外から「先生、ラーメンは食べた？」と声をかけてきた（当時は職員室内には子ども達は入らないことになっていた）。「ああ、あれ食べたよ」と私は答えたが、S子は、そうかなあというような顔をした。それで私が「そのラーメンがね、ちょっと煮詰まったので少し辛かったよ。ねっ」と二人の先生たちを見て言うと、S子は私のその言葉を聞いてやっと納得したのか、嬉しそうな顔をしてその場を去っていった。

悦子はそれまで私を安心して独占できていたが、隆が加わったために自分がかまわれなくなったという気がするのか、授業中私の問いかけに対して時に返事をしなかったりして拗ねたような態度をとることがあった。彼女なりの精いっぱいの抵抗であろうが、私の愛情が全部隆の方に奪われるとでも思ったのであろうか。小さい口をちょっととがらして書写している顔をちらちら見ながら、私は隆との学習を進めた。私はそんな悦子の態度に、少々大袈裟ではあるがちょっぴり小さい「女」を垣間見る思いがした。その点では隆はやはり「男の子」であり、実にさわやかだった。しかし、今はまことに幼い感じのこの二人の子らも成長し、やがては本当の意味での「いい女」「いい男」となって、私がおばあちゃんになった頃、突如として颯爽と現れて私を驚かす——なんてことになったら嬉しかろうなあと、私はほんの束の間、そんな空想をした。

「先生、何にやにやしてるの」と突然隆の声。私は隆の質問を聞いていなかったのである。全くこの子ばかりは——と私は心を見すかされたと思いながらすぐに授業の続きに戻ったが、ほんの束の間とはいえ、教師が授業中にこんなふらち（？）な空想をしたり出来るのもたった二人という珍しくも稀な学級だったからこそなのであろうか。

次の日、悦子は朝から何となく疲れた様子で、あくびばかりしていて注意力が続かなかったので休ませた。睡眠は十時間もとっているというのに。体調がよくない時には拗ねたくもなるのだろう、彼女は口癖のように「嫌だなあ」と言うことがあった。そのたびに、せっかく張り切った私の心も出鼻を挫かれるような思いをした。以前に比べると消極的な態度が目につくことがしばしばあるようになった。

悦子だって人形じゃないものなあ。成長するにつれて、いろいろなことを考えるのは当然で、この子に「嫌だなあ」と言わせた直接の原因が何であるのか細かなことはよくはわからないが、環境について考えても一般の子ども達の育つ雰囲気ではないことは誰にでもわかることである。悦子にはもっと子どもらしい夢をと思うのであるが、周囲が自分より年上ばかりなので、体は幼いながらも自然と精神的には社会の子ども達よりも大人びてくるのも当然といえば当然であろう。悦子が時に私に拗ねたような態度をとるのを見て隆は隆なりに感じるところがあるのか、「お前は少し我が強すぎるぞ。社会の学校に行ってみろ、そんなことしていたらすぐぶたれるぞ」といかにも兄貴風を吹かせるのであるが、当の本人も口では立派なことを言いながら言行一致しないことも多いのである。

今度はその隆が宿題をさぼった。それに少し授業中にも態度に節度がないところが見受けられるようになっていたので、私は「人間にはけじめがなければならない。大人でも子どもでも、けじめのつけられぬ者は駄目だ。遊ぶ時と勉強する時との態度は違うはず。遊ぶ時には運動場がほげるくらい走り廻ってもあばれてもいいが、教室に入って勉強する時にはそれなりの態度があるはずだ。何しているかわからぬような態度では、結局何一つ事は成らない」ときびしく叱った。

隆は頭を掻いて、「先生、わかっとる、わかっとる」と言った。

「わかっていて行わないなら、知らぬよりまだ悪い」と言うと、「先生、もう勉強が遅れるからやろう」と言って笑った。「ごまかしたらいかん、ごまかすな。人は真剣にものを考える時と、何もかも忘れて遊ぶ時とのけじめをはっきりせねばだめだ。真剣に立ち合う時は、真剣に立ち合うことだ」と私が追い討ちをかけると、「真剣で立ち合えば斬られるよ」と隆も言い返す。

いつになくきびしい私の態度を見て、悦子の方が非常に緊張した。この時、私は思うところあってやや長い時間を費して言いきかせた。この子らがやがて社会に出て行った時のことを思うと、少々きびしいかもしれないがいい加減にしてはおけなかったのである。

間もなく終りの鐘が鳴った。悦子は一人で外に出ていった。隆は外には出ず、特別用事もないのに私の側に来て、肩に手をかけたりしながら話しかけてきた。私はさり気ない態度で応えながら、隆の心中を読んでいた。

五月の終りのある日、私は二人にヘレン・ケラーの伝記を読んで聞かせた。彼女は生後十九カ月で目と耳の感覚を失ったが、六歳の時からサリバン女史を教師として迎え、一心同体となった凄まじい努力の末に三重苦の身でありながらついにはハーバード大学を卒業するに到った。このヘレン・ケラーの話は途中までしか読めなかったが、二人は感慨深げにじっと耳をすまして聞いていた。

翌朝、授業が始まるとすぐに隆がヘレン・ケラーのことを言いだした。「ヘレン・ケラーはあんなに可哀相だったが、後にはどうなったの」。「肉体的には三重苦に苦しんだけれども、後では多くの不幸な人達のために尽くし、その人達に光明を与えて『光の天使』とまで言われた。ほんとに珍らしい人で法学博士にもなられたし、あんな身体で米国ばかりでなく他の国にまで行って障害を持つ人達を励まし、盲人の福祉に尽くされ、日本には三回も来られたようよ」と私。

隆は言った。「聾や盲であっても、ヘレン・ケラーは幸せな人だと僕は思う。法学博士にもなったし人のためにもなったから考えようによっては幸せだった。普通は目も見えず耳も聞こえず口もきけないなら、生きていても何にもならないし死んだがましと思うもんね。きっと、こんなに不幸な人にも神様がそうして下さったのかも知れない」。さらに「盲や聾になってしまえば、もう自分ではどうにもならないもんね。それでもどうにか精いっぱい生きようとした。そして立派に人のために尽くした」と、隆はたて続けに自分の思いをしゃべった。

肉体的にはのっぴきならない宿命の中にあっても精いっぱい生きて多くの不幸な人々の「光」となったヘレン・ケラーの生涯を隆が、「幸せ」であったとも思うと言ったのは、三重苦のヘレン・ケラーの、人間の能力の限界を超えた凄まじくも真摯な生きざまに感動して、彼女の中にほかならぬ神の栄光を垣間見たと感じたからであったろうか。一心に話す隆の言葉を聞いているうちに私はついこみ上げてくる思いがあって瞼が熱くなった。私は彼らに背を向け黒板の方に向かった。

隆の話は今度は自分達のことになった。「ずっと昔からこの病気はあったそうだ。悪いことをした人をこらしめるために、神様は殺すのは可哀相に思ってこの病気にしたそうだ。それが遺伝した」

何と聞き捨てならないことを言うのだろうか。そんな残酷なことをどこから聞いてきたのだろうか。

隆は更に続けた。

「悦子ちゃん、お前のうちにおじいさんかおばあさんか、この病気があったのか」

「知らん」

「家には誰もいないのに僕がたった一人だもんね。十万人に一人しかいないというのに。なんで僕がそうならにゃいかんのかと思うと、全く腹が立つよ」

私は背を向けて先刻から何とも名状しがたくこみ上げてくる感情に耐えていたが、もうまばたけば涙がこぼれそうな気がしたので急いで教室を出て隣の理科室に行って涙を拭いた。そして、ここで私は二人に言わねばならぬことがあると思って再び教室に戻った。隆も悦子も私がそんな態度をとるとは予想もしていなかったようで、何かを感じとったのか私を一目みるなり、「さあ勉強しようかね。僕は算数だったかな」と隆が言うと、悦子も黙って俯向いて何か書き出した。私はそんな二人の仕草がいとおしくて今度は先刻とまた違った思いが加わって、しきりと感情が極まるのであった。

「先生、泣いてきて。向うの部屋で泣いてきて」と悦子が言った。私は教師であるということも忘れて不覚にも二人の前で涙を見せてしまったのであった。彼等はちょうど、大人が子どもをいたわるような態度で私の顔をまともに見ないようにしてそれぞれにノートに何か書いていた。私は何とも格好がつかないきまり悪さに、「ちょっと職員室に帰って来るね」と言って教室を出た。

職員室に通じる桜並木を急いで帰りながら、私は〝何もこう昂ぶることはないではないか。馬鹿だなあ、お前は。大事なところで涙を流し、すぐに感情が先走る。幼いあの子らから逆にいたわられたではないか。お前は、あの子らに接するにあたっての一番大切な心の据え方が少し間違っているのではないか〟と、自分で自分を詰った。しかし、〝教師だからといって人格的に子どもより勝れているとは限らないし、子どもの上に位して教えるばかりではないはずだ。お互いに魂を触れ合い、じかに感じ合いながら、もし子どもに教えられることがあれば素直に聞き、彼らが間違っていれば叱り、嬉しければ笑い、悲しい時には涙を流す。それでいいではないか〟と、もう一方の私がすぐに反論するのだった。

さてさて、私はこの子らの前でどうあったらいいのだろうと考えながら、職員室に入る前に更衣室で暫く佇んで心を鎮めようと思った。しかし変な時間に帰り、ひっそりとしている気配を不審に思われたのか、中学の立田先生が更衣室のドアを開けて、「どうした？　何かあったんですか」と尋ねられた。「ああ、いいえ、もう何でもありません」と答えたものの、重ねて聞かれるので手短にいきさつを話した。「私って駄目ですね。すぐこうなんだから。少し感情がオーバーすぎておかしいと思うでしょう」と言ったら、「なんの、ちっともおかしいとは思わんよ。気持ちはようわかる」と言って下さった。そこで私はようやく立田先生の顔を見て笑った。

顔をなおして二人がどうしているかと思いながら、また四時間目の教室に戻ると、悦子が私を見るなり、「こんにちは、先生。もういいの」と少し節をつけて言った。隆は何も言わなかったが笑っていた。二人は私の心の動きを敏感に捉えていて、むしろ晴々とした顔をしていた。

四時間目が終ると昼食である。終りの鐘が鳴ると中学生達もみんな一斉に寮に帰った。悦子が一人残ったので私が誘おうとすると、「先生、帰っていいよ。私は教室を掃除して帰るから」と言った。私はおやっと思ったが、この子一人を残して帰りかねていると、「先生、帰ってよ」と押し出そうとまでするので私は運動場に出た。

教室の方を振り返ると、大きいモップに振りまわされるように可愛い頭が忙しく動いているのが見えた。近頃はこんな仕事をする時など「嫌だなあ」などと言ったりもしていたのに、今日は自分一人で掃除をしようと決めたのであろうか。それにしても、悦子は私の今日の行動に彼女なりに何かを感じとったのであろうか。私は、振り返ってもう悦子の姿は見えないはずなのに、何度も学校の方を振り返りながら桜並木の道を独り職員室に帰った。

その日、私は自転車で埃っぽい道を帰りながら一日のことを反芻した。ここに赴任した直後、本校の校長先生が「あなたは人より余計に物事に感じすぎるからなあ」と言われたことを思い起こしていた。それにしてもほんとに不思議な体験をしたと思った。私はこの歳にして幼い子ども達からかけがえのないものを学んだと思ったのである。

今日ではハンセン病に新たに罹患する人はほとんどいなくなり、罹患しても治療をすれば全治する病気という知識が浸透して一般の人達の間でことさら特別視する傾向も薄れ、ごく自然な交際をされている面もあるが、私が恵楓園に在職した昭和三十年代はまだまだ社会の根強い偏見があり、罪もないいたいけな子ども達までも差別をされて悲しい思いをしていたのである。私達教師は自分が教える相手の子ども達を通して社会の偏見・差別に直面させられることがあった。

わが家の梅の木の大木が空を掩うほどに見事な真っ白い花を咲かせたのもまだついこの間のように思えるのに、いつの間にかその葉陰にはつぶらな実がいっぱい見えるようになり、私の大好きな庭の肥後菖蒲も朝毎に一輪二輪と朝露に濡れてしたたるような紫に咲くようになった。

恵楓園の東の果てには公園があり、宮崎公園と呼ばれていた。かつて園長であり救癩に一生を捧げられた宮崎松記先生ゆかりの公園である。この公園の池のほとりにも美しい菖蒲が花開くことを思い出して、私は二人をつれて出かけて行った。時々五月の風が公園の大木を気持ちよくそよがす爽やかな午後であった。少し早すぎたのか菖蒲の花はまだ少なかった。私達は傍の芝生に座ってしばらく休んだ。私が真中に、右が隆、左が悦子、三人共足を投げ出して寄り添って並び、とりとめもない雑談をした。

途中、隆が何思ったか私の背後から悦子のところまで左手を伸ばして、ちょっと上衣を引っ張って知らぬ振りをした。どんなに知らん振りしても犯人は彼とすぐ分かる。悦子はそれを嫌がって私の膝に顔を押しつける。私が隆を制するとしばらくはやめているが、今度は髪の毛を引っ張って嫌がらせをする。すると悦子はまた大仰に私の膝にしなだれかかる。ちょうど兄妹の子犬や子猫がじゃれるのと少しも変わらない。悦子もそんなに嫌なら隆から離れればいいのに、さらにくっついてくる。隆に止せと言って私が彼の手を叩けば、余計に嫌がらせをして喜ぶ。

他愛ない仲間うちのじゃれ合いであるが悦子が嫌がって如何にも大袈裟に訴えるので私としては放ってもおけず、立ち上がって「よし、隆、立て。さあ決闘だ」と挑発すると、隆はすかさず、「巌流島の決闘だ」と言って乗ってきた。私は「小次郎来い」と構えたが、隆は隆で自分の方が武蔵のつもりのようなのであった。

悦子は傍らの芝生に座って、「先生しっかりー、がんばって」と黄色い声をはり上げて手をたたき、身代りに立った私に声援を送った。その声に煽られるように隆が歯をくいしばって私に頭をかませてきた。これくらいの男の子には十分勝てると私は体力にはまだ自信があったのだが、少々気をゆるめて立合ったので自分でちょっと跪いて負けてしまった。

隆は私を負かしたことで自信を深めたらしく、二度目は私から二メートルくらい退いて右手と右足を前に少し出し、左手をちょっと横に拡げやや腰を落として拳を握りしめて構え、また歯をくいしばって私に向って突っ込んできた。私も今度は負けられないと思った。

大角力となった。すると今まで私に黄色い声で声援を送っていた悦子が、隆危しと見るや突然立ち上がってヘッピリ腰で今度は私に向ってチョッカイを出してきた。しかし、さすがに天下に名立たる二天一流の武蔵である。せっかくの悦子の助太刀を「お前、危いぞ。あっちに行け」ときっぱり断わった。

勝負は足を掛けて隆を投げた私の勝ちだった。起き上がろうとしてうつぶせになった隆の背中にまたがって私が腰を二、三度上げ下げして揺さぶると、彼はギャッギャッと奇声をあげ、ついに右手で芝生を叩いたので私は背中から下りた。ちょっと力をいれすぎたな、何もこうまですることはなかったと、かすかな悔いもあったが、とにかく勝負は一対一で終った。

隆は衣服についた芝生の屑を払いながら、「六年になったら僕が勝つかな。勝つよね、きっと」と負けおしみを言ったが、「そうね、そうなるかもね」と私は答えた。隆の薄汚れた顔には汗が滲んでいた。私はちょっと自分の顔を拭いてそのハンカチを隆に差し出すと、それで彼は額の汗を拭いた。隆のシャツを少しめくると背中にも汗が流れていたので、私はそのハンカチを取って拭いてやった。

闘い済んでほっと一息した時、水辺から菖蒲をそよがせて吹いてきた風が汗ばんだ膚を心地よく撫でて去った。見上げるとちょうど教会の屋根の上に一片の白雲がふわりと浮かんでいた。

10 糸瓜

六月のある日、中学の方では技術の時間に主任の立田先生が単車の指導をされた。もちろんみなはじめての経験なので、男の子達は好奇心といささかの恐怖心とが入り交ったような緊張した面持で指導を受けていた。

時間が終ってから、私も立田先生の指導で単車に乗って稽古してみた。すると隆が来て一生懸命に私を応援した。単車についてまわって、「もう少しスピード出して。手前にまわして。もう少し、もう少し。うまいじゃないか。先生うまいぞ、うまいぞ。その調子、その調子」と立田先生をさしおいて指導するような口調で一心に応援するのである。

まわる時などそばに寄って単車にさわろうとするので、「かかったらいかん、危い。離れて」と私が言うと頷いて離れるものの、「先生うまいぞ。しっかり、しっかり」とまた近寄って来る。私も、ついこの子の応援に励まされて一生懸命に練習した。悦子も少し離れた位置に立って私を応援した。

練習が終ったら悦子が私のところに来た。私が悦子に「しっかり稽古して学校に乗って来ようか」と言うと、「自転車でいいよ。怪我するよ、やめとき」とピシャリと言われた。女の子は用心深い。当時、私は家から自転車で四キロばかり行って電車に乗りかえて通勤していたので、練習をして学校まで直行できたらと思ってちょっと乗ってみたのだが、悦子がそう言えばやはり止めたがよかろうと思った。

六月も半ばとなれば、南瓜、そら豆、稲、大根等植物の成長も旺盛になり、それにつれてそれぞれの観察記録も忙しくなった。その日は三時間目のはじまりに、学校のプールから隆と中学のけい子がトノサマガエルを捉えてきたので私は悦子の理科の教材にちょうどよいと思って教室の後に置いて観察させた。

しかし悦子は朝から疲れているのか、あまり学習意欲がない様子であった。何だかことごとに拗ねたような態度で、しっかり観察しないのである。私の問いかけにも答えずにふてくされたようにおし黙っていた。その態度を見ていて私は妙に腹立たしくなり、自分でもまずいと思いながらも大声で叱りつけた。叱られて悦子は蛙を観察した。その私の態度を見て隆の方が極端に緊張した。叱った後、私は我ながらしみじみと情ない思いにかられるのであった。

午前の授業が終り昼食の時間になると、子どもたちは少年少女舎に帰ったが、悦子は一人、みんなにおくれて足を引きずるようにして、叱られた後の何とも浮かぬ顔で帰って行くのだった。私は、何があって悦子はあんな態度をとったのだろうかと思いながら後姿を見ていた。

午後になった。私は気分転換ができないままで学校に来てみると、午前中とはうって変わった様子で悦子が私に話しかけてきた。そして私が図書室に行こうとすると、「私も行く」と言って後からトコトコついてきてしきりに話しかけた。

悦子は叱られた後は必ずこんな態度にでる。その時は私は悦子が拗ねた原因は大体さっしがついていた。一時間目の算数の時間に新教材の大切なところを隆が興味をもってよく学習したので、私がここでもう一押しと思って二時間目も続けたことが、悦子には自分が疎外されたような気になったようなのだ。しかし、私は決して悦子をないがしろにしてはいなかった。悦子は国語の大事なまとめのところをよく学習していたのである。

考えてみれば、悦子は幼い時から全くの他人の中で生活してきたのである。普通の子どもが母親に思いっきり甘えるような時でも、彼女はいつも一人で誰にも心から甘えることは許されなかったのである。幼いながらも自分で自分をしっかりと支えてきた。それこそ肉親の暖かい愛情に包まれて育つことは出来なかった。だから愛情が欲しいばかりについ拗ねるのである。そうすることで大人の心を引き付け、常に自分に目を向けていてもらいたいのである。そのためにこの子なりの精いっぱいの演技（そんな言葉は酷だろうが）に出るのだと思うと、私は切なくなってきた。

彼女の淋しい、充たされない心の鉾先は、結局はみんな私に向けられるのである。それならば私はそれを受け止めよう。そして私は惜しみなく溢れるばかりの愛情を彼女らに注がねばならぬ。惜しみなく与え、しかし決して見返りを求めてはならないと思った。なぜなら、どれほど私が慈しんだとしても親の無償の愛にはかなわぬであろうし、また彼女らをあの一片の雲もない五月晴の空のような、爽やかな安心しきった境地においてやることは所詮出来ないのであるから（もし少しでも自分にそんな力があると思うなら、それは思い上りというものであろう)。

悦子にしてみれば、私から叱られることはたしかに淋しいには違いない。しかし、だからといって私はそういつもいつも彼女の行動を許してばかりはいられないとも思った。成長するに従い自ずからそこに節度が持てるようには育って欲しいと思った。なぜなら彼女達はここで終るのではないからである。近い将来、必ず社会に出て、そこで健全な生活を営むためには人一倍の強い精神力が必要とされるのである。ただ甘やかすばかりが本当の愛情ではないはずだと、私は思うのであった。

午後の授業が終って悦子が私に向かって、「この頃、ぜんぜん目の治療には行ってないよ」と少し顎をしゃくるようにして話しかけてきた。

「あら、そう。先生の目じゃない、あなたの目でしょ。早くよくなればあなた自身が嬉しいことだし、治療をなまければ重トラになって後では目が見えないようになるかも知れないよ。それでもいいの」と私が聞き返すと、隆がすかさず、「治療に行かんと知らんぞ。お前は今、五トラか六トラくらいだが治療に行かんと十トラになるぞ。十トラにならんうちに早よう行けよ。知らんぞ」と兄貴らしい口振りで言い聞かせた。悦子は隆のこの説明で結構納得したのか、頷いていた。

私は、隆はなかなか気の利いた洒落を言っているなと思って聞いていたが、しかし彼も重トラを十トラと本当に思いこんでいたらしい。兄貴ぶってはいるものの、やはりまだ子どもなのだなあと私は独り苦笑するのであった。

忘れゐし優しき心返るなり合観の花咲くみち通るとき

合歓の花が咲き始めて、まるで夢のようにほのかなピンク色の花と柔らかい緑の葉とが優しくそよいでいた。朝学校に行く道すがら、この花の横を通る時には瞬時ではあるが私は何がなしロマンチックな気分になった。そして、どこからか漂い来る八重くちなしのほのかに甘い香が忘れかけた優しいうるおいと歌心を誘うのである。

前日、私が叱ったのがまだ利いているのか、悦子は朝から一生懸命私につとめているようなところが見えた。それを見ると私はまた何とも愛《かな》しくなってくる。社会の子ども達は先生に叱られると、しばらくはやや距離をおいて行動するが、この子らは叱られると自分の方から近寄ってくるのである。隆にしてもそうであった。素直に自分の非を認めてのことか、それともどんなに叱られても結局は自分とは関わりなしにはいられない人だと思うからであろうか。

さて、観察園の南瓜の花がふくらみかけていたが、翌日はあいにく日曜日であった。私は「日曜でも東の農園まで行って雄花をもらって交配しておきなさい」と隆に言いつけた。私達が植えた南瓜は雌花ばかりで雄花は咲いていなかったのである。また隆は頭髪が伸びていたが、それまで何度言ってもつまなかったので、「明後日は真っ赤なリボンで結んでやるよ」と言っておいた。さあて、あの子は日曜日にちゃんとするかな、と少々不安を持ちながら私は家路についた。

月曜日の一時間目、教室に入る前に観察園をのぞくと、南瓜畠の前に悦子と隆が立っていた。隆は、日曜日の朝早く雌花に二つ交配したが一つは失敗したと私に報告した。私は、日曜日にもかかわらず彼が真面目にやっていたことに感心し、嬉しくも思った。

隆は頭髪も綺麗につんで爽やかな頸筋を見せていた。また、彼は二、三日前目やにが出ていたので、私は、もしかして悦子のトラコーマがうつったのではないかと思って少年舎のお父さんに治療に連れて行って下さるよう頼んでおいたのであるが、診察の結果は異常はなかったようだった。けれども今度は隆の同室のNがトラコーマの由。どうもやはり気にかかるのである。

翌日は気象台の発表では梅雨入りということであったがカラリと照り上がり、午後三時には気温は三十度にはね上がって真夏を思わせる暑さとなった。悦子は汗をかきながら、絵具を使って描きかけた絵を数日かけてやっと仕上げた。はじめにしてはよく出来たと思う。廊下を通りかかった立田先生が教室に入ってきて仕上げのところを指導して下さった。悦子はなかなか色彩の感覚もよく、色の出し方も濁らずによい。一方の隆は図画ではコンプレックスを持っていたところに立田先生が悦子の方ばかり賛められるので、私は隆のことを思って少しはらはらしながら見ていた。

悦子は算数の方も難しい個所をよく考えてやったので、賛めて少し早目に教室から出してやると大喜び。大声で叱るよりこの方がよほど効果的だ。そしてこんな日には必ず宿題を沢山出してと催促するのである。私は、こちらの指導次第でどうにでもなるような他愛ない子どもを大声で叱りつけた自分が今更のように情なくなるのであった。

赤きかさくるくるくる廻し帰りゆく悦子の背丈この頃伸びて

つい二日前は叱られて晴れぬ心そのままの後姿で足を引きずるようにしていた悦子が、肩のかさをくるくる回しながら少女舎へと帰って行った。

その後、一週間を経ても二人は本当に心和やかに意欲的であった。学校の時計が少し進んでいるせいもあって、私が学校に行くのが少し遅れると、職員室に隆が「先生はまだ来ないの」と電話をかけてくる。教室に着くと二人は席についてちゃんと自習して待っている、という按配であった。

そんなある日に、隆に今日は学力テスト（算数）をすると抜き打ちに言ったら、休み時間も遊ばないで落着かぬ様子で、何度も自分の机の付近をうろうろしていた。試験の結果は完全に出来たのは最初の二問だけであとは少しずつ間違っていた。この子はやや早呑み込みする癖があって、殊に文章題の問題は不得手なのである。もっとじっくり考える態度を作らねばならないと思うのであった。

七月の上旬になっても隆は朝登校して南瓜の雌花が咲いていればすぐ学校から私に電話をかけてきた。そして雄花を見つけては交配をする。隆は「今から成る南瓜はもう裏成りと先生は言ったが、これは立派な表成りよ」なんて言って、私と脇坂先生とを笑わせた。隆は稲やとうきびにも気を配り、水をやるなどして世話を怠らなかった。五月にみんなで植えたとうきびが針のような芽を出したのをいち早く見つけた時は、廊下の窓からヒラリと飛び降りて観察園の前に立ち、「すこやかなれと祈る。コンニチワ赤ちゃん、わたしがママよ」と腰をかがめて呼びかけるようにして歌ったりもした。隆はいろいろの植物を育てながら自らも結構楽しんでいるかのように見えた。

夏休みを間近にひかえたある日の午後、糸瓜に支柱をしようと思って立田先生と教室の裏庭の方に行ったら、犬の泣き声が聞こえてきた。家庭科教室の床下に二匹の子犬を入れて子ども達がこっそり養っているのである。ちゃんと御飯を食べさせる皿もあり、箱の中には布を敷いて寝床も作ってあった。

その日、六時間目の授業が終って職員室に帰ろうとしたら、裏の原っぱで野兎が捕まったという話が伝わってきた。しかし、その野兎は捕えられる時に足を鎌で切られていたので足の骨がブラブラしていたそうで、少年少女舎のお父さんがその足を切られたという。兎はジッと動かないで紙箱の中に蹲っていた。足には繃帯が巻いてあり、女の子達が一生懸命に草を食べさせていた。私は、この兎、元気になるだろうかと思ったが、毎日の変化に乏しい生活の中ではこんなことでも子ども達にとっては大事件であり、彼らが小動物に注ぐ愛情は大変なものであった。


私は夏休み中糸瓜のことが気にかかって仕方がなかった。一学期の終りには糸瓜に支柱をするつもりだったが、小犬や兎に気をとられ、おまけに私ははぜまけまでして大切な時に欠勤したりして、ろくに糸瓜の世話が出来ていなかったからである。しかし、二学期になって草取りのために学級園に行ってみると、意外と言おうかさすがと言おうか、糸瓜は自らの巻きひげで窓の板壁にしっかりとへばりついていたのである。しかも小さいが実までがぶら下っているではないか。実はよくよく見ると、先にはまだ花がついているほどの幼いものであった。ああ、よかったと私は胸を撫でおろした。支柱もないのによくぞ枯れることもなく育っていてくれたものである。これは大事に育てねばと私は思った。

その時、どこからかヒョロッとやって来た隆が、なんとしたことか私の目の前でその糸瓜を無雑作に真中から竹棒でたたき切ったのである。それはアッと言う間もない出来ごとであった。私はびっくりし、残念でたまらず、せっかくここまで育っているのにと腹が立って、「どうしてこの大切なものをわけもなくちょんぎったの」と隆を責めた。隆は、私がそんなに悲しがるとは思ってもみなかったらしく、何気なくたわむれにやったことがひきおこした事態の大きさに今更のように驚き、後悔の表情のままにつっ立っていた。横にいた中学のけい子から「ごめんなさいとあやまりなさい」と言われ、すぐ素直にピョコンと頭を下げたので、私はもうそれ以上は責められないと思った。

その後、隆が私に気兼ねして中学生の方に行って中学生と一緒に草取りをしながらショボリしているのを見た。後悔したのであろうか隆は涙ぐんでいたと、あとで中学の脇坂先生から言われた。私のあまりの惜しがりようが彼としては意外だったらしい。

私はここで私の長男が幼かった頃のことを思い出した。ズボンのポケットにラムネの玉や小さい金物の玩具や何ともくだらぬものをジャラジャラ入れていたので洗濯の際に全部捨ててしまったのであるが、後で息子があまりにも悔しがるので気の毒になって夜になってからライトを持って二人で探したことがあった。それはもう遙かに遠い日の出来事であったが、私がガラクタ扱いをして捨てたものは息子にとっては大切な宝物だったのである。同じ宝物でも今度のことは子どもが大人の宝物を駄目にしたという全く逆の話で、往時を思い出しながら私は独り苦笑するのだった。

しかし糸瓜も私の心を察してか、半分を切られたのでそのまま腐ってしまうかと思っていたら、だんだん大きくなっていった。何という逞しい生命力だろう。まだ他にも二つばかりの花が咲いていて、自力で板壁にしっかりへばりつき、ちょっとくらいの力ではとてもはずれそうになかった。悦子も隆も支柱に頼ることもせず自力で生きようとする糸瓜の逞しさに今更のように驚いていた。悦子は理科の時間にそれを記録し、そのあとに次のような感想を書いていた。

へちまのひげはあんなにほそいのに、かべの板につかまって、ぜったいにはなれない。どこからあんな力が出るのだろうか。へちまはにんげんよりずっと強い。

——糸瓜の生き続けようとする生命力の強さを、彼女なりに感じ取ったのである。

この園より外に出ることのない子らではあるが、自然は惜しみなくその偉大な慈みを、その時々の花に、ごく身近な南瓜に、糸瓜に、とうきびに、鳥に、小犬に、兎に、蛙に、それらの強力な生きざまを顕現して、子どもらに大切な心の糧を与え、優しくはぐくんでくれるのである。かくて子ども達の心にもまた私の心にも、照る日もあれば翳る日もあり、嬉しい時も悲しい時もまた感動の時もありながら、この二人の子達はもう私のすべてとなってしまっているのであった。

九月十二日。隆の五年の理科で、中和によって塩を生ずる実験をするつもりで薬品を揃えたところで、頼んであった飼育箱が届いたから職員室にちょっと帰るようにとの電話があった。職員室に帰ったところに医事係から主任が来られて、三年生に新入りがあるらしいが性別はまだはっきりしないとの知らせを持って来られた。

翌日の午後、入園したのは男の子であった。ごく普通の男の子で一見どこが悪いとも思えなかったが、色の浅黒い子であった。幸い三年ということで悦子と一緒に授業をやれて好都合だと思ったが、前の学校の在学証明書も何も持って来てはいなかった。

この子は授業が終って掃除の時、雑巾を絞ってお尻を上げ足音をトントンとさせて一直線に廊下を拭いた。転入してきた時はどの子も社会の学校でしたままの格好で、実にこまめに働くのである。その姿をもの珍らしそうに悦子がじっと見ていた。

新しい男の子をここでは信男と呼ぶことにしよう。信男はなかなか無邪気ではあったが、授業中は注意力が持続できず、退屈すると手を頭の上にかざしたりした。注意をすれば正しい姿勢にかえるから、やろうとする気持ちは見受けられた。

この子はわからぬところは全く無邪気に尋ねるし、翌日になると早速自分の作文を進んで読むと言って立った。悦子はかつて隆が転入した時ほどの関心は示さなかったが、信男のこんな態度を少しは見習うといいと私は思うのであった。

九月の半ば残暑のきびしい日、治療の時間に男子のみの一斉検診が行われた。裸になると小学生はもちろんであるが、中学生もまだまだその肩のあたりには少年らしい幼なさを残していた。一人一人の後姿を見ながら、私は医師の後に立っていた。中学生の中には手足が少々不自由だったりする者もいたが、ほとんどは私達からみて特に異常があるとは思えない子ばかりだった。

Sは背中にちょうど十円硬貨を少し大きくしたくらいの楕円形の斑紋をもっていたが、それは裸にでもならなければ人には見えないし、俗にいうホヤケだと言ってしまえばそのようにも思えたが、先生が患部に触れてためされても一向に反応を示さなかった。そのような症状があるばかりにこれまでSは精神的にも肉体的にもどれほどの人知れぬ苦痛を味あわねばならなかったか。軽症であるからやがては完治するとはいうものの、私は自分の眼裏に焼きつけられたSの背中の斑紋を何かで塗りつぶしてやりたい衝動にかられた。

その日の真夜中、外ならぬ私の左手の二の腕の内側、白く柔らかい部分に、私は昼間眼裏に強く焼きつけられたそのままのものをくっきりと見た。「あらぁ、ちっとも気づかなかったなあ。いつ出来たのだろうか。それにしても何の自覚症状もなかったなあ。そうか、私もか」と思いながら私は右手でそこを撫でてみた。痛くも痒くもない。しかし、不思議にも私の心は静かであった。我ながら夢とも現ともつかぬ気持ちで起き上って電灯をつけて二の腕を見た。私は夢を見ていたのであった。

信男は三年とはいうもののまだ二年の算数がよく理解できていなかったので、三人三通りの授業をするような格好になった。しかし、三年の理科「秋の虫」でこおろぎを捕えて飼育箱に入れて観察したりする時は信男は大変な興味をもって学習した。

二、三日後、小さな事件が起こった。五年の理科の時間に私がアンモニヤを机の上に出したままにしてちょっと塩酸を取りに理科室まで行った隙に、隆がアンモニヤの瓶の蓋を取って信男に強く匂わせたのである。信男は目に涙を溜めていた。

私はびっくりした。もし塩酸だったらどうなっていたかと思うと、慄然とした。こんなことは二度とあってはならない。私は隆を後向けにして、そのお尻を続けざまに叩いた。しっかりこらしめておかないと一大事が起こりかねないからである。隆はさすがに非を認めて自分から信男にあやまり、次に私にあやまった。

また、これは事件とはいえないが、始業の鐘が鳴って皆教室に入ろうとしている時に、最後に昇降口を上って来た信男がまた鐘を鳴らした。信男は分校に鐘が下っているのが珍らしかったのか、鐘を打ってみたかったのだ。まことに子どもらしい仕草である。社会の学校では見かけない鐘が下っていることに子どもらしい興味を持ったのであろう。

ところがすぐに中学の一男が教室から飛び出してきて廊下で信男をきつく羽交締めにした。私はちょうど図書室にいたので一男をたしなめて止めさせたが、信男は昇降口の方に行ってベソをかいて佇んでいた。上級生からいきなりきめつけられるのは下級生にとっては怖いのである。まだ新入りのこの子はここの雰囲気に慣れるまではいろいろと悲しい思いをするのではなかろうかと私は思った。

社会の学校とは違ってここでは授業以外の時は小学生も中学生もほとんど一緒に行動する。殊に少年少女舎に帰ってからは、「お兄ちゃん」「お姉ちゃん」と呼ばれて下級生の面倒を見てくれる上級生がそれなりの権威があるのである。小学校教室においても隆が自分を上級生と自認しているほどには信男にはまだその意識がないようだった。私は鐘の一件を見て、とにかく仲よくやって欲しいと思うのであった。

十月の初旬に糸瓜の水とりをした。根本から切った糸瓜は葉が枯れるかと思ったら、次の日には上の方にまた新しく二つ花を咲かせていた。

ひと夏、私達は糸瓜の生命力の旺盛さに圧倒されっぱなしであった。支柱もなしにコンクリートや釘にまで巧みに巻きついて重い実をブラブラさせていた、あのつるの力強さ。私達はその糸瓜の姿から生きようとするものの逞しさ、素晴らしさをまざまざと知らされたのだった。遅く植えたけれど植えてよかったと私はしみじみ思った。

前日の雨が嘘のように晴れ上ったある日の休み時間に、私は一人教室に残っていた。一度外に出た隆が私のところに来た。そして机に両掌をつき私を正視して、突然、まったく突然に「先生、心配せんでもいいよ。僕が大きくなったらきっと先生の面倒を見るからね。きっと」と言った。私はあまりに唐突な言葉に一瞬、唖然として隆の顔をまじまじと見返した。彼は息をころしたようにジッと私を見詰めていた。私は自分の耳を疑った。「面倒を見る」とか見られるとかいう言葉があるのは知っていたが、しかしそれを自分の身の上において考えたことは未だかつて一度もなかった。私の息子からもそんな言葉を聞いたことはなかった。

私は、隆は面倒を見るとはどんなことかわかっているのだろうか、それより、よくもこんな言葉を知っていたなあと、全く予期しない言葉を聞いたため一瞬戸惑った。しかし、隆は私の返事を待っているように私をじっと見詰めていた。二人の間に、ほんの束の間の沈黙があった。

我に返った私が、「ああ、そうかい、ありがとう。ありがとう。しっかり頼りにしてるよ」と力をこめて答えると、隆の顔に快心の笑みが浮かんだ。彼はサッと両手を水平に上げたかと思うと二度ばかり体を左右に傾けて飛行機の宙返りの格好をしながら廊下へ走り出ていった。私はその後姿を見ながら、嬉しいとも愛しいとも何とも不思議な思いにかられて胸が熱くなるのであった。

11　素朴な天性

九月半ば、図工の時間に三人一緒に粘土細工をした。信男ははじめから軍艦を作ると決めて、楽しそうに粘土をこねたりのばしたりしていた。隆の方はと見ると、作っては崩し作っては崩しの試行錯誤の末に、何度目かに漸くジェット機を作った。立田先生が通りがかって漸く出来かかったジェット機を見て少し誉められたので、やっと面目が立ったというような顔をして喜んだ。隆には隆なりの面子があったのである。新入りの信男の方は着々と進んでいるのに、自分にはこれというアイディアもないままに時間ばかりが過ぎていたからである。

悦子は自分の作品は早く仕上げて信男の軍艦作りの手伝いをしていた。色紙等を使って万国旗風な旗を作って飾り立てられた軍艦は、まるで進水式に臨む船のように華やかに仕上った。国語や算数等の時はやや退屈する信男であるが、この図工の時間は手先の器用さも手伝って実に生き生きとして楽しそうであった。

信男の転入によって、それまで男子では最下級生であった隆がもう最下級生ではなくなった。そういうわけでか、悦子に対して示していた兄貴ぶりとは一味違う兄貴風をふかすようになった。信男が掃除を真面目にやっているのを冷かしてみたり、学校からの帰途などにちょっと苛めてみたりもするらしいのである。

ある日のこと、休み時間に隆が信男に「運動場を三回まわれ」と命令したらしく、私が昇降口に来た時にちょうど信男が「あそこをこうまわると？」と隆に伺いを立てながら走り出そうとしていた。隆は小気味よさそうな顔をして、腕を組んで信男の後姿を目で追っていた。私が信男に「走らんでもいい」と言い、隆に向かって「人に走れと言うならば、あなたも一緒に走りなさい」と言うと、現場を目撃されて隆は変な笑い方をした。

私はその時ふっと思うことがあった。隆が転入した時、ひょっとして上級生がこんなことをしたから、それを思い出して同じようなことをやったのではなかろうか。まさかそんなことはあるまいとも思いながら、隆を呼んで聞いてみると、「自分にはそんなことはなかった。けれど僕は信男に命令をしてみたかった」と答えた。子どもは子どもなりにそれぞれの思いや言い分がある。しかし、たとえ嫌でもこの子達は与えられた環境の中で生活しなければならないことを思うと、お互いが相手の立場に立って物事を考えることの出来る人間に育って欲しいと私は思うのであった。

信男は三年生とはいっても教科の面ではやや遅れていたので特別に手を加えなければ無理をした。二位数の加算もむずかしがったが、繰り返し指導してようやく理解出来た時は実に晴れやかな目を私に向けてにっこりした。

また、前の学校ではほとんど無視されていたようで、「自分は授業中には一度も立って答えたことがなかった。指名されて本を読んだりしたこともなかった。立って答えるなんて恥ずかしくてとても出来なかったので黙って腰かけていた」という意味のことを私に言った。そういう点では多人数の学級よりも彼はここでは救われるのではないかと私は思った。

信男は教科の面は不得手であったが、動物の観察などは結構細やかであった。少年少女舎で飼っていた兎の草が無くなれば一番に気がついて採って来るのは彼だったし、兎の好む草もよく知っていた。また、授業中に飼育箱の蟋蟀が鳴けば鉛筆を休めてジーッと耳を澄ますのも信男だった。

飼育箱の虫達が少し弱った様子だったので子ども達で話し合って野原に放してやった時、解放されて叢の中に帰って行く蟋蟀を見て、信男は「虫達はやはり草の中が一番好きなのだ。虫に限らず生き物は何でも自然そのままの生き方が一番性に合っている。飼育箱のような不自然な物の中では、虫達も本当にそのものらしく生き生きとした生き方は出来ないものだ」という意味のことを方言を交えながら自分なりの言葉で熱っぽく私に喋った。信男は、誰に教わるでもない、古里の海で自らが体験し身体で覚えた自分なりの「生物観」とでもいえるようなものをちゃんと持っていた。

十月七日は太宰府旅行だった。そのため前日の六時間目には小中を一緒に集めて立田先生から太宰府のことや旅行についての注意等の話があった。子ども達は皆楽しそうに話を聞いていた。

しかし、翌日は朝目が覚めると雨が降っていた。窓辺のカーテンを開けると、晩咲きの花をまだチラホラ残した白萩が降り止まぬ雨にしっとりと濡れ撓《たわ》んでいた。旅行はとても無理であろうと思われた。

私が少し早目に分校に着くと、待っていたかのように信男が飛び出して来た。旅行はないのかと尋ねに来たのである。何とも悔しそうであった。ここでは旅行の際には園のバスで行くので、雨天の時は普通順延となり、都合のよい日に変更されるのである。

そのうちに寮係の方も出て来られたが、信男はまた私の所に来て、「旅行をしてくれ」としきりに言った。やがて二人の先生方も出勤されて、正式に旅行は中止となり普通授業となった。信男は旅行が中止になったことが残念でたまらず心が落着かなかったが、悦子は慣れたもので不平も言わずにはじめから普通授業の準備をしてきていた。

中止になった太宰府旅行はそれから一週間後に行われた。信男にとっては初めての旅行で嬉しさ限りなしという様子で、途中熊本市内ではデパートや熊本城をバスの中からもの珍らしそうに眺めていた。

太宰府では天満宮に参拝し、境内を歩きながら道真のゆかりを訪ねた。昼食を済ませた後、子ども達にとっては一番魅力的な遊園地・太宰府園で遊ぶこととなった。子ども達は先輩のS先生と一緒に自由行動をとった。

私達教師が園内を散策している時、ちょうどジェットコースターから落りたばかりの信男達に出合った。信男は一種の興奮状態にあったらしく、私に向って「先生あぶなか、落ちるぞ、乗るな」と大声で注意を与えた。彼にとってジェットコースターという乗物は見るのも乗るのもはじめての体験だったのである。

信男は土産に誰もそれをもらうものはいない蛇と蜥蝪の玩具を買っていた。帰りのバスの中はその玩具のおかげで時ならぬ悲鳴や笑い声で終始賑やかだった。隆や信男は、ついうとうとしかけている私の鼻先に蛇をにょろつかせたり首筋に蜥蜴を這わせたりのいたずらを繰り返し、バスの中は今までの旅行ではなかったちょっと変わった雰囲気の和やかな笑い声に満ちたのであった。

さて、信男がもと居た学校から指導要録が送られてきたとの本校からの連絡があって、私は翌日の朝は出勤の途中に本校に立ち寄った。指導要録に依れば、信男は昭和二十九年の早生れであったが三十七年に入学していた。ということは普通の子より二年も遅れて満八歳で入学したことになるわけで、しかも二年生の時には百五十日の事故欠となっていた。詳しい事はよくわからなかったが、信男にはいろいろな事情があったのであろうと私は思った。

日がたつうちに、隆と信男が時にせり合うようになってきた。それは兄弟の犬や猫がお互いにじゃれ合うような他愛もないものであったが、新入りで体も小さい信男の方がしまいには泣いてけりがついた。

十一月になって、隆がどうも体調がよくない様子なので診察を受けさせた。結果は少し脾臓が悪いとの診断で、塩分と糖分を少し制限するようにと医師から注意があった。食事はお粥となり、これでは発育ざかりの隆にとっては疲労度も高かろうと気の毒になった。

翌日、隆は学校を欠席した。寮に行ってみると、誰も居ない部屋で目をあけて仰向けの姿勢でひっそりと寝ていた。朝は林檎を三個食べたと私に言った。

隆がいないと学校の方は悦子と信男の三年生ばかりなので、三時間目に理科テレビ番組の「種のちり方」を見た。信男は注意力を集中して見ていた。四時間目は「秋の野山」の学習で、今回はいつもの散策コースとは違った方向に行ってみた。二人は私の両側にくっついて、他愛のないおしゃべりをしながら道の辺の秋草を採集した。午後は午前中に採集した山ごぼうや草の葉のたたき染め等をした。

その日は三年生ばかり二人で、信男と悦子は一日中兄妹のように仲よく和やかに季節の草花と親しみながら学習を楽しんだ。

隆は一日欠席しただけで翌日は学校に来たが、その日は大事をとって午後からは寮で休養させた。それから一週間たって「もう異常はない」という診察の結果が出た。「しかし、あと一週間くらいは用心して減塩食を食べようね」と医師から言われたというが、そのことを早く報告したかったのだろう、私がちょうど桜並木の下を職員室へと歩いているところに隆は息せき切って追いかけて来た。脾臓の診断は隆にとっては大変なショックであったようで、それだけに「もういい」と言われたことは何よりも嬉しかったのである。私は「よかったね。でもそういうことなら、まだ食事の方は自分でよく気をつけることね」と念を押して職員室に帰った。

このあと、隆には目に見えて元気が戻ってきた。この病気をしてからというもの、心なしか以前に比べて信男に対しても優しい素振りを見せるようになったと私は思うのであった。

ちょうどその頃、学校からの帰途、何とも浮かぬ顔をして力なく歩いている信男に出合った。よく見ると少し睫毛が濡れている。「どうしたの。何かあったの」と聞いてみると、「四年になったら夜中に塵捨場まで一人で行けとT兄さんに言われた。俺はそれが怖い」と言うのである。

信男の言う塵捨場は、この広い園の西北の隅にあった。すぐ近くにコンクリートの厚い塀が長く続き園の境界となっていて、塀際には檜が茂っていた。寮から四百メートルくらい離れた所で、随分深く土を掘って沢山の塵が捨てられるようにしてあった。私がいつかそこを通った際に、ふっと底の方を覗いたら一匹の子猫が居てしきりに鳴き声を立てながら上を見上げていたことがあった。私は、猫はあんな所に落ちたらもう絶対に上がることは出来まいと思ったが、ひょっとしたらそこに捨てられたのかも知れないとも考えると、塵捨場を通り過ぎた後も猫の哀れな鳴き声が耳について離れなかった。そのように大人にとっても薄気味の悪い場所なのである。昼間ならまだしも、夜に子どもが一人で行くのは怖いに決まっている。でも、もしかしたらTが信男をからかってみたのを真に受けて怖がっているのかもしれない。そう考えると、私はTに一度真意を尋ねてみようと思った。

翌朝は思いもかけぬすごい霧であった。私は、その深い朝霧の中を自転車に乗ってしとど濡れながら出勤した。やがて学校に着くと、校庭の隅の方ではエノコログサやチカラシバ、カヤツリグサなどの色とりどりの秋草が霧に濡れて、まるで霧氷を思わせるように朝日に輝いていた。私はその稀に見るような美しい光景に驚き見惚れながら、そこにしばらく佇んでいた。

私は校舎の昇降口から教室の子ども達に向かって、「桜の木の下の草の穂を見に来てごらん。とっても美しいよ」と声をかけた。隆が欠席していたので悦子と信男が外に走り出たが、信男は「きれいねえ」と言って本当に喜んだ。この子は前日、園内を歩いた際にも目立たぬカタバミの黄色い花を見て、「かわいいね」と言ったのである。私は、太宰府旅行の際にあの遊園地で私に向かって「先生、あぶなか、落ちるぞ、乗るな」とジェットコースターの怖さを真剣な顔で訴えた信男の言葉をふっと思い起こし、この子は言葉遣いこそ粗野であるが、こんなにも潤った心を持っているのかと思い、ほのぼのと心和むのであった。

十一月も半ばとなった。真白い霜の朝、珍らしく今度は信男が欠席した。この二、三日鼻水垂らしてはいたけれども熱はなく、前日まで気分も悪そうではなかった。隆が「俺が今日は休めと言った」と言うのである。寮係のAさんは非番だったらしい。三時間を終って職員室に帰る時、ちょうど隆と一緒になった。どうしたはずみでか二人は競って走り出し、桜並木の下を抜けて職員室まで走り続けた。隆はまだ減塩食というのに私よりよほど元気があって速く、さすがに子どもだと思った。

昼食の時間に寮に行ってみると、寝ている信男の枕元に坐って隆が御飯をよそってやっていた。苛めたりはしてもやはりこんなに優しい面もあるのである。いつか言いきかせてからは信男に対してあまり無理なことは言わぬようになったようだった。

12　目標

十二月となり、朝毎に霜を見るようになって寒さも増してきた。日が経つにつれて信男は園の生活に少しずつ慣れてきて、授業中の注意力もいくらか続くようになった。悦子も以前のように拗ねたりすることが少なくなったように思えるのは、いくらか成長したということであろうか。

その日二人は理科の時間、「糸でんわ」の学習で、聴診器やビニールの管等を使ってお互いに「モシモシ」と呼び合いながら、音の伝わることを確めて楽しんでいた。

社会の時間には、隆が急に「自分は大きくなったら社会党に投票する」と言い出した。それは「日本の貿易」のところで私がアメリカについて少し触れたことで、大東亜戦争によって悲惨な最後に終った沖縄の人達がその後米軍に占領されることによって今日までどんな思いをしながら毎日の生活を送っているかということを思い浮べたからのようであった。隆は「資本主義よりも社会主義の方がよい。資本主義ではどうしても金持ちと貧乏人とに別れる。貧乏するのはきらいだ。社会主義になったら、みんな平等に暮せるのだろ。やっぱり差がつくのはいかんよ」と言うのである。私がちょっと驚いて「誰からそんなこと聞いたの」と尋ねたら、寮係のA先生が「もうちょっと社会主義にならんといかん」と言われたのを聞いてそう思ったと言うのである。隆は自分の郷土出身の革新系の国会議員のことを非常に誇りに思っていて、ちょいちょい私に向かってその名前を出すのであった。一体どこから情報を得るのか、隆は子どもとは思えないほどの知識を持って政治に関心を寄せていた。

翌日はその冬一番の寒さであったが、午後は暖かになった。体育の時間に、子ども達はいつも行動範囲が園内に限られているから塀の向うはどうなっているか知りたいだろうと思って、テニスコートの横から再春荘病院の前まで行き、園の官舎の横の道を通って帰って来た。何かの都合で隆はいなかった。

こんな時、二人の子らは私の両側にくっついて手を繋いだり肩に手をかけたりぶら下ったりしながら、決まって隆のかげ口を言う。「隆兄さんはあまりいばるから嫌いだ」と言うのである。二人にとっては隆が考えたり喋ったりすることは理解出来ないこともあろう。隆にとっても同学年の友達が一人でもいればいくらか助かるのだがなあ、と私は思うのであった。

日毎に寒くなるので倉庫から火鉢を出してみたら底がぬけていた。自治会から宮島さんが来ていろいろ庶務の方に連絡を取られて、四時間目に来てみたら新しい火鉢が中学、小学に一つずつ置いてあった。翌朝、学校に行ってみたら運動場で常直のS先生が焚火をして下さっていた。藁がなくて灰が作れないのでまだ火鉢が使えず、午前中の一番寒い時には焚火でもしないとたまらないのである。自治会の宮島さんがまた来られて、「どこかの部屋に一つだけでも取り付けるようにしたらと思ってストーブを持ってきた」と言われたが、当面は火鉢だけを使用することにした。

この日の授業中に、隆が天井から吊り下げられた千羽鶴の上の方に蜂がいっぱい固まっているのを見つけた。彼はさっそく、休み時間に竹の先に紙を捩ってくくりつけ火をつけて蜂を燻した。寒いためにほとんど元気を失った蜂達はポトリポトリと落ちて火鉢の中で死んだ。

「折り鶴に火がついたら危ないから止めなさい」と私が注意しても、隆は「火はつけないようにするからいいよ」と言って止めようとしない。それはまるで自分の欝憤を蜂にぶちまけているかのように思える仕草だった。火のついた竹竿を振り廻すので私はハラハラしながら、この子には何か嫌なことでもあったのかなあと思った。そしてまた、隆にはこの頃何となく少し荒れた反抗的な態度もあると思いながら、私は天井を見上げて竿の先の火の動きを追っていた。

蜂の始末がようやく終って、私は「ちょっとみんなに聞くけどねえ。あなた達は日頃、むしゃくしゃしたり、自分は正しいことだと思うのにそれが通らずくやしかったり、腹が立ったりすることがある?」と聞いてみた。信男はすぐ、「それはあるよ。ちょいちょいあるよ。お父さんに何か買ってもらいたいと思っても買ってもらえなかったり、いろいろあるよ」と応じた。悦子と隆は「そんなことは嫌というほどあるよ。でも黙っている」とのこと。私が「よし、そんな時は何でも先生に言いなさい。思いっきり言いなさい。気が済むまでぶちまけなさい」と言うと、さすがに隆は私が言った意味が分ったらしく、嬉しいような照れたような顔をして笑った。

隆がここに来た頃はほんとにまだ無邪気で素直であった。しかし何となくこの頃は屁理屈をつけて我を張ったりもするのである。ま、これも成長の一過程であろう。わが家の子ども達もこんな過程を経て成長していったなと思ったりして、しばらくは様子を見ていようと私は思うのであった。

寒さが増すにつれて、朝、私達教師が学校へ行く頃には子ども達はS先生が焚いてくださる焚火にあたっていることが多くなった。いきおい中学生の始業の鐘打ちもあまり正確とは言えなくなり、鐘を聞いてもまだ火にあたっていたりして時間が少々ルーズになった。私はそんな雰囲気が非常に不愉快であり、気にもなった。しかし、これは中学生も小学生もS先生も一緒に心を合わせなければ決して守れるものではないのである。

その二、三日後の朝、職員室を出ようとしているところにちょうど医事係から電話がかかってきたので、私は中学の先生より遅れて学校に行った。教室に入ると三人は火鉢にあたっていた。そして私を見るなり、「先生は遅かったね。もうさっき鐘がなったのに。この頃、時間があまり守られないようになったと中学生も言っていた。これからはみんなで時間を守ろう」と言うのである。

彼らがこんなことを私に言えた義理ではないはずだ。前の日だって焚火にあたっていて信男が中学生に「もう時間だろ、鐘を打たんね」と促すと、「そんなこと言う奴があるか。まだあたっていいはずだったのに」と反撥していたからである。小学生もまた、私が教室で待っているのにノロノロして入ってきたり、いつまでもテレビの前にいたりしていたのだ。それなのにどうして唐突にこんなことを言い出したのか私はちょっと不審な気もしたが、それはともかくとして彼らが早くそのことに気がついてくれたのは本当によかった。彼らも分ってはいたのだと、全く予期せぬことだっただけに私は嬉しかった。

「わかった。よし、そういうことならば先生とあなた達とどちらが時間をよく守れるか競争しよう」と提案してみると、三人は異口同音に「ああ、いいよ」と応じた。

「私は寒くなって以来、ずーっとそのことを考え続けてきた。水を飲みたがらない馬に無理矢理水を飲ませるようなことはしたくなかった。どうやったらあなた達がさっさと教室に入り、そして自分達から勉強するようになるか、そのことばかり考えていた。それでは、先生と競争出来るかい。あなた達の方から言い出してくれた。ああ今日は何と嬉しい日だろう。それでは、先生と競争出来るかい。しかし、約束すればこれはきついことだよ。これから益々寒くなるばかりだから。この約束をするにはよほどの決心と覚悟がいるよ。いい加減な気持ちでは出来ないよ。今、みんなはこともなげに約束したけど、いいの？」と私は念を押した。そして、「そのかわり先生が時間に遅れたらみんなの前に手をついてあやまる。みんなが遅れたらまたその通りよ。いいね、覚悟出来るかい……さあそれでは頑張ってみよう。自分達が決めたことだし、きっと守ろう。守れるね」と私が畳みかけると、信男だけが「俺は、ちょっと困るなあ」と言った。確かにそれは彼の本心ではあったろう。

ともあれ、私が恵風園に来て二年五カ月、彼らからこんなに力強い言葉を聞いたのははじめてで嬉しさがこみ上げてきた。ともすればボス的存在になろうとする隆が実行の一番強い意志を示してくれたのである。小学生につられて中学生も時間を守るようになってくれればいい。「ばんざい。いつまでも続くように」と私はその日の日記に書いている。

当時私達は週交替で職員室の当番をしていたが、自分が当番の時は朝早く行って中学の先生達が来られる前にタドンの火をおこしておかねばならなかった。家から四キロの道を自転車で行き、電車に乗りかえて七時四十分までに恵楓園に着くためには相当急がねばならず、私だってつい寒さに負けそうになることが何度もあった。

次の朝、私が中学の先生と一緒に学校に行ってみると、悦子と信男は早々に来ていたが隆は授業が始まっても姿を見せなかった。私は何だか肩すかしを食わされた思いがした。前日、一番の決意のほどを見せたのは隆だったのである。二人もそんな気がしたのか、信男が「こんなに時間を守らない者にはバツをつけよう」と言った。

と、その言葉が終ったとたんに隆があたふたと教室に入って来た。三人の視線が一斉に集中し、さすがに隆は恐縮した表情をした。私が「まだ昨日の今日だよ。あれほど強く言っておきながら少しおかしいじゃないの」となじると、隆は「信男に道具を持って行ってくれと頼んでおきながら、用事をしているうちにすっかり忘れて今まで一生懸命探していたのでつい遅れた。すみません」とあやまった。

三人は休みの時間に運動場で焚火にあたっていても、鐘が鳴ればすぐ走って来た。どちらかと言えば鐘打ちの方がかえってルーズなことが多かった。三人は、このことは誰にも言わないでやりたい、中学生や中学の先生には絶対に言わないでいてほしいと私に頼んだ。私は、こういうことは全校生徒で取り組まなければならないことだし、中学生だって話せば反対するはずがないと思ったが、今までは何事も中学生が主導権をとって小学生はそれに従って来ただけだったのでいささかの面映ゆさと気兼ねもあるのであろうかと考えた。それでも中学の脇坂先生にだけはそのことを話して、しばらくは子ども達の様子を見ることにした。時間厳守をやり出してからまだ二日目であるが、急に彼らの学習態度がひきしまってきた。習字の時間も墨一滴こぼすことなく、もっともっとと言いながら書いた。自分達から言い出したからには彼らも弱音が吐けなくなり、責任をもって守らねばならぬと感じているのだろう。まずは序の段階にはいった。そう思えば私は嬉しかった。

翌日の一時間目の冒頭に、私が「昨日からのことが嬉しかったので、毎日の日記に普通は黒で書くところを昨夜は朱色のペン字で書いて自分の心の記念とした」と言うと、隆が「先生はオーバーだなあ」と言って笑った。

そうか、オーバーか。なるほどなあ。何と思われたって構わない。私のこの喜びは彼らにはわかるまい、わからなくて当然。社会の子ども達より何かにつけて意欲に乏しい彼らが自主的に時間を守ろうと言い出したのである。しかし、一方ではこれは大変なことなのだ。いつまで続くだろうかとも私は思った。

三日目の朝、私と信男が桜並木の下を話しながら歩いていると、中学のたつ子が「先生達はまるでお母さんと子どもみたいね」と言いながら後から近寄って来た。「そうかい、昨日はもう、とてもとても嬉しいことがあってね」と傍の信男を見ながら言うと、信男も笑ってコックリした。たつ子が「それは何ね、何ね。教えて、教えて」と迫ってきたが、「教えたらいかんよ。ぜったい」「これは、私達だけのヒミツよ、ねえ」と私と信男は顔を見合せて笑った。「だんだん、そのうちに分ってくるよ」と信男。「だんだん表に出てくるヒミツ、それは一体何だろう」とたつ子は首をかしげ、三人はそのまま黙って学校へと急いだ。

その日の授業終了後、子ども達が「時間を守る」ことについて表を作ることを提案したので、私は三人の名前を書いて表を作った。そして、一日のうちには朝と毎時間の始まり、それに午後の始まり等があるが、そのうち一度でも遅れたらその日は×をつけるのか、それとも各時間の始まり毎につけるのかなど意見を出させた。また、園には治療の時間というのがあるから、それがちょっと長びいたりすれば×になるかも知れなかった。実際、その日は治療の時間から四時間目に入る時、信男と隆が少し遅れていた。その前と後はとてもよかったが、そんな場合はどうするかとみんなで考えた。

「あんまりきびしくすればかえって守られなくなるから、長く守られるようなきまりにしなければいけないのではないか」と私が助言すると、隆は「治療といってもそう長くはかからないので少々きびしくしてバツでよい。今日四時間目に遅れたのは帰り途で少し余計なことをしていたからだ」と言った。私が「みんなそれでいいの」と聞くと、「それでいい」と言うので決まった。時間厳守のことが問題になって以来、いろいろ決める際に取越苦労をするのは私の方ばかりで、彼等は実に威勢よく決めるのであった。

さて、週当番の私は自転車をあずけて朝七時二十分の電車に乗り、恵楓園に着いて職員室で火をおこし、お茶をわかして掃除をする。どんなに急いでもきっちり四十分はかかるのである。そして暖まる間もなく授業の準備等をして二百メートルくらい離れた学校に八時五十分の始業時間までに行くのであるが、うっかりしていれば遅れそうだ。約束した以上、私は遅れられない。子ども達も一生懸命だからである。

その日、私は子ども達の治療の時間に職員室にいったん帰って四時間目に合わせて職員室を出た。途中、連れだって少女寮に向かっていた中学のけい子と悦子とすれ違った。すると悦子はけい子の手を引っ張ってくるりと向き直り、悪い足を引きずるようにして学校に向かって走り出し、追いついて私の顔を見るなり息ずすりして泣いた。決して泣かない悦子があんなに烈しく泣くのを私ははじめて見た。けい子は悦子が何故引き返したのか、何故急に泣き出したのか不思議でたまらないようであったが、悦子の剣幕に押されて少女寮には行かず彼女も一緒にまた学校へと走ったのであった。

私は泣きじゃくる悦子を見て胸が熱くなった。悦子は、先生と固く約束したのに先生はもう学校に行きかかっている。自分は今から少女寮まで行けば先生に遅れる。そう思って引き返して走って来たのである。こんなに一生懸命に約束を守ろうとしているのかと思うと、いじらしくて私は悦子を強く抱きしめた。すると悦子はさらに烈しくすすり上げた。「ナイショ」にしていることが中学のけい子に分るはずもなく、ただ呆然と私達二人の前に立ちつくしていた。

翌日、私は理科の実験に必要な温度計を取りに準備室に入る時、けい子をちょっと呼んだ。そして昨日悦子が私を見て泣き出した一件を話した。三時間目が始まりそうだったのでゆっくり話は出来なかったが、けい子はなるほどそういうことだったのかという顔をしていた。彼女は、小学生が自分達だけでそんなことを決めていたのかと驚いたようだった。しかし、このことについてはなにも知らなかったはずの当のけい子が週番の引き継ぎの際には次週の努力目標に「時間を守ろう」をあげていたのである。小学生達の雰囲気が中学生の方を引っ張ったようで私は嬉しかった。

月曜の朝。悦子と信男は早く来ているのに、隆が中学のMと一緒に遅刻して来た。Mを待っていて遅れたとのこと。私は「M君は今、少々体の具合がよくないし欠席も多いから、M君は少し遅れてもいいからあなたは先に来ていなさい」と言って聞かせた。隆に×がついた。

約束したからには私も気が抜けなかった。私は学校への道を脇に教科書を挟み両手を白衣のポケットに入れた格好で時間に遅れまいと小走りに走って、浴場の前で石につまずいて転んでしまった。白い袴《こ》下《した》が汚れて少し破れた。子ども達の前で醜態をさらさなくてよかったと思ったものの、教室に入ったら案の定笑われた。そして授業が終ってお昼に帰る時、彼らは「先生が転んだところが見たいから一緒に帰ろう」と言っていとも賑やかに私を待っていた。

翌日は久しぶりの快晴。しかし真っ白い霜である。この寒い朝、悦子は火の当番だからと私より早く来ていた。いつも早く来る中学の男子達は誰も来ていなかった。男子全体がまとまって来てないというのはどうしたことだろう。折角時間厳守が軌道に乗りかかったのに、何があったのだろうかと私は訝った。

やがて隆が来て、その後ぞろぞろと中学生達が来た。隆は、時計が遅れていたのでみんな遅れたと言って、自分で早速後の表に×をつけて席についた。私は「この表につける規則は少々きびしくはないか、一日のうち一度でも遅れるとその日はバツとなってしまう。もう少しゆるやかなものにしたらどうか」と再三助言したが、子ども達が拒否したから仕方がなかった。一番強い意志を示した隆が一番×の数が多いのであった。

しかし×の数もさることながら、私はこの子達が自主的に「時間を守ろう」と言い出したことが何よりも嬉しかった。しかもこれが夏ならまだ守り易い。けれども今から益々寒くなるばかりで、当分はずい分辛い目をしなければならないことが分っている。それに何といっても療養中の身であるから、私もそう無理に強要するつもりはないのであった。

一口に時間を守ると言っても、いざ実行するとなると生活すべてにつけていい加減なことは出来ない。そのうち次第に彼等の学習態度もよくなってきた。殊に信男は、この頃では来た頃よりずっと肌もつややかになって生気のある顔付きになった。算数などまだ理解出来ない面も多いが、少しわかり出すと、「待って待って、ちょっと待って」と言って考えるのである。隆も悦子もぐっと落着いて、しかも真剣に学習するようになった。

そんなある日、私は授業中に、「ここに来てほんとうによかったと思っている。これまで色々なことがあったけれど、今ほんとうに嬉しい。この間からみんなが自分達から『時間を守ろう』と言い出して一生懸命に頑張っている。その姿に私は深く感動した。時間を守ろうという一心が、あなた達を変えつつある。その証拠にあなた達の顔が今までになく輝いている。心に張りがあるからだよ。そんなあなた達を見るのはほんとに嬉しい」と子ども達をほめた。三人は私の言葉を聞いて次第に神妙な顔になった。しばらく間をおいてから、「先生が今言ったこと、オーバーだと思う?」と聞いてみると、さすがに今度は隆も首を横に振った。悦子も信男もほめられたことが嬉しくて満足そうに微笑んだ。

「時間を守ろう」と子ども達が言い出してから約二週間が過ぎた。それは実に緊張した毎日であった。子ども達は一生懸命頑張った。にもかかわらず教室の後の表にはやはりそれぞれに×が少しずつつけられた。このことを通して子ども達は、一つの目標を掲げてそれを貫くにはいかに強い意志と行動力が必要であるかを身を以て経験した。もちろん教師である私もである。ともすれば安易な道を選ぼうとするのは大方の人間の常であるが、子ども達が寒い日々、進んでそのきびしい道を選んだことが私としてはこの上もなく嬉しかったのである。

いよいよ二学期も残りわずかとなった。正月前には子ども達の散髪もしなければならず、二十三日にと交渉したが二十四日にしか出来ないとのことで、二十三日が終業式になった。

冬休み中は、帰省する子や園で過ごす者、園内の知人や親元で過ごす者等に別れる。二十四日にはS先生のところには餅の配給があったそうで、子ども達にも配られているはずである。一人当り三・八キロ、それぞれにどんなお正月が来ることか。

13　児童寮

昭和四十年一月四日は、私は日直であった。学校に出勤して早速、門衛の係、自動車車庫の係、そして児童寮係のAさん達に新年の挨拶に行った。それから、子ども達はどうしているだろうかと思って寮の方に行ってみた。少女寮の方はカーテンが閉められて誰もいない。考えてみると皆それぞれに行く所があるのである。

少年寮を覗いたら、朝食後の食器がまだそのまま置いてあって、中学のM、小学の隆、信男の三人がいた。Mは布団の上に坐っていた。隆は毛布を被って餅を食べていた。私は、そんな格好で焼餅を食べている隆の姿とガランとした室内の雰囲気になんとも言えない侘しさを覚えた。まだ外ではお正月気分に浸っているというのに、街に出るでもなく、普段とちっとも変わらない部屋でどこかふてくされたような、つまらなさそうな態度でいる彼らの姿を目にして、私の方がみじめな思いにかられるのであった。

少年寮の他の二人は帰省していた。残った三人のうち、Mと信男は親の所に行こうと思えば行けた。もしそうなると隆はたった一人になってしまう可能性もあった。家にいた時は家族揃って楽しいお正月を過ごしていたであろうに……。隆と信男にとっては園で迎えるはじめてのお正月であった。

一月八日は三学期の始業式。年改まって、はじめて中学・小学生全員と顔を合わせた。年賀状のお礼などを言って、私は休み中、殊にお正月をそれぞれどんなくらし方をしたか尋ねてみた。悦子はいつも可愛がってもらっているおばさん達に連れられて自家用車で祐徳稲荷や太宰府天満宮にお詣りをしたと言った。信男はお父さんと一緒に別府に行って地獄めぐりなどをしたらしい。

寒に入ったら、また急に寒くなった。チラチラと小雪の舞う日が続き、職員室を出て学校までの道は北風を真面に受けて頬をさすようである。白衣の衿《えり》が冷たい。

昨年、二学期の終りに取り組んだ「時間を守る」の表は教室の後に×や○がついたままの状態で貼られていたが、まだ三学期が始まったばかりで、それに極寒の季ではあるし、私は子ども達の身体の調整がつくまではと控えることにした。私としては昨年の終り、短期間ではあったがあれほど真剣に取り組んでくれた気持ちがほんとに嬉しく、彼らはその気になりさえすればある程度のことは出来るという確信を得て、この子らを誇らしくさえ思うのであった。

二、三日後、掃除を終ってみんなで火鉢を囲んだ時に私は教室の後に貼られた表に目をやりながら、「昨年はほんとによく頑張ったね。でも今学期は、こんなに寒いと時間を守るのはとても大変なことだし、守る自信があるかどうかな」と言ってみた。ところが「あるよ」とすぐ威勢のいい返事がきた。私はちょいちょい彼らに肩すかしを食わされるけれども、ともあれ「やる気はあるな」とまたつい嬉しくなってしまうのであった。

私は、寒くはあるし、三時間目の治療の時間は職員室には帰らずに火鉢にあたって教室で過ごすことが多くなった。その日は、テレビ「三年理科水あそび」を見た後だったので治療をすませて教室に早く帰って来た信男と二人でその実験をしてみた。コップがなかったので、ケチャップの瓶に水をいっぱい入れて用紙を上にはり、ひっくり返してやってみたが失敗した。「僕がしてみる」と信男が挑戦したが、うまくいかなかった。画鋲入れのプラスチックの小さいのでやってみたら、見事に一滴の水も洩れない。信男は何度もやっては喜んでいた。

翌日の治療の時間には、今度は隆一人が残った。「先生、帰るね」と聞いたので「帰らないよ」と答えると、ちょっと嬉しそうな顔をして、少しお尻を上げ頬をふくらませて火鉢の炭を息で吹いておこした。隆の手はいつも汚れていてひびが切れてガサガサである。その手でよく火鉢の灰をかきまぜる。「こんな汚い手、洗っておいで。こんなに汚れているから余計ひびが切れるのよ」と言ってきかせても、なかなか洗おうとしない。「よし、そんならお湯を沸かして、ヘチマでゴシゴシこすってやろうか」と言うと、「はい、そうして下さい」と言いながら、また火鉢の中の灰や炭を素手でかきまぜるのである。その汚れた手を上衣になすりつけるから注意をすると、今度は灰のついた上衣を私の前ではたくからたまったものではない。

私は火にあたりながら隆に西郷隆盛の話をした。それから先日読み聞かせた次郎物語についての感想に話題が移ると、隆は「次郎の考えることややることはわからないでもないが、よく考えると少しおかしいところがあるね。たとえば、お父さんが教えたヒキョウという言葉の意味を次郎は取り違えているようだ」と批判した。

そんなことを話しているところに信男が治療から帰って来た。少し目やにが出ていて目薬をつけたような感じがしたので、「あなた、少し目が悪いようだが、目薬をつけてもらったの」と私が聞くと、すぐに隆が、「君はもう目に来たのかも知れん。油断すると目が見えなくなるぞ」と言って脅した。私が「先生もそんな薬、去年の夏病院でつけてもらったことがあるよ。あとでわかったけど流行性のものだったよ」と言って安心させようとすると、また隆が「先生の目と僕達の目では菌が違うから、そう簡単には治らないよ。先生にはわからんよ、僕達の目のことは」と、冗談とも本気ともつかぬ調子でさえぎった。

そこにちょうど悦子も診察から帰って来たので、私が「どこを診てもらったの」と問うと、彼女は頸のところを指さした。と、すかさず隆が「あ、それは皮膚ガン、お前のは皮膚ガンだ。だんだんそのうちに拡がるぞ、きっと」とまた脅した。悦子が「そんなんじゃないてば」と真顔で反応したので、私は「そうだよ、隆君はすぐそんなことを言う。何もわからんくせに」と隆の言葉を打ち消さなければならなかった。

三学期が始まってから約二週間が過ぎた。「時間を守る」約束は、二学期の終りの頃のように張りつめた場面はほとんど見られなくなった。しかしごく自然体で守られるようになり、時には×もつけられて、めいめいの名前の上のグラフの丈も次第に高く伸びていった。私が特別な注意をしなくても、毎日の「火の当番」などについても自分達で決めて、隆が「悦ちゃんは今週はまだいいよ」などと気を配れば、悦子は悦子で「火の当番もうけた」と嬉しそうな顔で私に報告したりと、わが教室はいとも和やかな毎日が続くのであった。

ある日の午後、四月入学の予定になっている「幸子」という子が、ひょっこりと学校に現れた。私は、学齢前の幼い子どもが園内に居ることをその直前になるまで知らなかった。

教室近くででも遊んでいるのかと思っていたら、幸子はなんと悦子の隣にちょこんと腰かけて、目を大きく見開いて私が教室に来るのを待っていた。悦子が一枚の画用紙とクレヨンを与えると幸子も席についていて神妙な顔をしていたので、私はそのまま授業を始めた。

しばらくすると、無心に絵を描いていたはずの幸子が突然前に出てきて、さっさと教壇に上がった。そして私の書いた板書を「2・3・4」などと白墨で模倣しだしたのである。それは実にうまく、私はちょっとびっくりした。

幸子はそれから席に戻ったが、今度は椅子を抱えて出てきた。そして椅子の上に乗って、私が高い所に書いた五年生の方の「塩田の父」という板書をその横にまねた。筆順は出鱈目だったが、むずかしい漢字をまねて書くのであった。

なんて面白い子なんだろう、いつも大人の中に交って人慣れしているからはじめての場所に出ても平気でこういうことをするのだろうか、それともまだ幼なすぎるのだろうか……などと、私が小さな闖入者の行動に意表をつかれて半ば呆れていると、立田先生が廊下の通りがかりにこの様子を見ておられて幸子を呼ばれた。しばらく何か話しておられたが、鉛筆とノートを渡して「お母さんに見せておいで」

と言われると、幸子は後も見ずにさっさと教室から出ていった。

次の日、信男が私に向かって、「先生、帽子に徽章を着けたいから買ってきて下さい。外に出た時、徽章がないと馬鹿みたいだから」と言った。そう言われてみると確かにそうだった。私は、迂闊だったなあと思いながら、隆の分と合わせて二個の合志小の徽章と、ついでに破れかけていた信男の下敷も買ってきて与えた。

一月も終り近くなったある朝のこと、出勤してきた私の顔を見るなり、隆が「先生、針と糸を貸して下さい」と言って来た。穿いているズボンの内股のところがほとんど二十センチ余りにわたって綻びていて、下着が白く見えていたのである。さすがの腕白小僧も私の前で恥ずかしそうに、ひびわれの手でそこを押さえてきまり悪そうな顔をして笑った。しかし、その綻びはとても子どもの手に負えるようなものではなかったので、私は「今はちょっと出来ないけど、お昼の休みにミシンをかけてあげるから脱いで持って来なさい」と言っておいた。

昼食を終えて職員室で雑談をしているところに隆がズボンを持って来た。見るとそれは朝穿いていた内股の綻びたズボンではなくて、お尻のところが綻びているものだった。脱いだままのズボンをそのまま持って来ることには子どもながらもためらわれたらしく、洗濯をしてあった方のものを持ってきたのであった。私は「まあ、これはこれは」と思いながら早速ミシンをかけた。隆は繕ってもらったズボンを持っていそいそと寮に帰って行った。

加えて、隆は寒の最中に靴下を穿いていなかった。この冷たいのになぜ素足なのかと問うと、靴下が破れてもう穿くものがないと言う。繕いもしてもらえず、買おうにも今月はもうお金を持たぬと言うのである。入園に際しては靴下や下着類は沢山持ってきていたはずであるが、もう穿き崩してしまったということなのだろうか。私はふっと、古里のお母さんがこの様子を知られたら悲しまれるだろうなあと思った。

*

さて、ここで少し子ども達の寮のことについて触れておかねばならないと思う。私が赴任した昭和三十七年当時は学校から五、六十メートルくらい離れた西の方に少年少女舎と呼ばれる子どもだけの寮があって、同じ入所者で子ども達から「お父さん・お母さん」と呼ばれていた御夫婦が一緒に起居して子ども達一切の面倒を見ておられた。ご夫婦は元学校の先生であった方と私は聞いている。また学校の方も、私が赴任した時には小学校・中学校とも本校からの派遣教員だけであったが、その数年前までは入所者の中から補助教員として何名かの方が教壇に立たれていて、常直のS先生もそういう一人であった。私の赴任時の第一印象として、子ども達の身なりが小ざっぱりしていて、きまりよく、殊に女生徒は社会の子ども達より落着いていてよく躾けられているという感じを受けたのは、このような背景があってのことであった。

やがて子ども達は私達のいる職員室と園内の道を挟んで十メートルくらいしか離れていない場所に移ってきた。子ども達が「お父さん・お母さん」のもとを離れて、恵楓園の職員の管理下におかれることになったからである。私は日記に「昭和三十九年八月二十八日に子ども達は新しい少年少女舎に移転した」と記している。この新しい少年少女舎というのは、それまで新患の人達が入所の際に一時起居するところとして使用されていた建物であった。以後そこは児童寮と呼ばれ、今までとは違って、子ども達が出入りする様子も職員室から見られるようになったのである。

児童寮に移ってからは子ども達の世話は園の職員がするという形に変った。昼間は医事係から女のAさんが寮係として昼間全般の世話にあたり、夜は毎夜、男の職員が宿直をするのである。

どうしてそうなったかというと、入所者のストがきっかけであった。ハンセン病患者として強制的に措置入院させられたにもかかわらず、入所者の待遇は他の病気の患者と比べて完全看護にはほど遠く、軽患者が重患者の面倒を見るというような状況下に置かれていた。そのような待遇改善の切なる思いが〝病人が病人の看護をするなど矛盾している〟〝最低限の人権を認めよ〟等のスローガンを掲げてのストライキ闘争という形になり、そういう流れの中で、それまで子ども達の面倒一切を見ておられていた「お父さん・お母さん」もその役割を放棄されるということになったのである。

そんな経緯があって、「お父さん・お母さん」の膝下を放れた子ども達は児童寮係のAさんに昼間の一切の面倒を見てもらうことになったのであるが、たまたまその頃Aさんが体調を崩されて、その代理として外部から別の世話係の人が来られてはいたが、まだ馴れないことでもあり、子ども達の方にも遠慮があって私達教師の方にが頼み易かったというようなこともあったのだろう。ともあれ、職員室のすぐ近くに子ども達が来て日常の様子もよくわかるようになると、私達教師も子ども達の寮内での生活に無関心ではいられなかったのである。

その日は午後から中学の脇坂先生が市内に出られて、帰りに隆にと靴下を一足買ってこられた。「子供用のが見当らなくて大人用しかなかったけど、穿かせて下さい」と言って私に渡された。

翌朝、私は学校に行って隆にすぐにそれを渡した。隆は「ありがとう」とは一口も言わなかった。私は靴下を隆の机の中に入れながら、こんなにしていてもこの子は案外体裁屋だからやがて穿くだろうが、折角脇坂先生が買ってきて下さったのに、と思った。中学のMがそれを見ていて、「大きくても穿かんよりかよか」と言った。

翌朝、気をつけて見ていると、隆は踵のところを少しだぶつかせながら靴下を穿いてきていたので私はホッとしたが、これが家庭でのことだったら大きいとか何とか文句をつけて彼は穿かなかったかも知れない。子どもというものはどこの子でもこんなことには妙にこだわるものだからと、私は自分の子育ての経験からそう思った。

その朝は夜来の雨が始業前まで少し残っていた。昇降口のところで見た信男がしばらくたっても上がって来なかったので、どうしたのかと思って廊下から覗くと、泥のついた教科書を水道で洗っていた。男の子は教科書やノートをそのまま脇に挟んで学校に来ることがあるので、よく小物を道に落としたりするのである。

その頃は今のようにちょっとした袋類もあまり無かったので、私は子ども達に通学用の手提げを作ってやったらよかろうと考えた。そこで早速、小学生三人用に簡単な形の手提げ袋を無地の布で縫うことにしたら、隆がいたく喜んで私がミシンをかける姿を窓の外から何度も覗きに来た。

夕方、出来上がるのを待って隆が児童寮に持って帰ったが、三つのうちで少し大きくて格好が悪かった一つがジャンケンに負けた悦子にまわったらしく、「これは少し大きすぎる」と不服そうな顔をして私のもとに持ってきた。私は予期しないでもなかったのでその手提げを少し縫い込んで細めてから、「あなたには特別にやさしい刺繡を教えるから、好きな絵を縫いとってかざりを入れたら一番美しいものになるよ」と言って宥めると結構納得して、文句を言いに来たのに喜んで帰って行った。やれやれである。布がまだ少し残っていたので、そのうち私も彼らとお揃いを作ってさげようと思った。

翌日の午後、隆が昇降口の階段を上がりしなに鉢植の水仙にオシッコをかけた。私はその様子をテレビ室から目撃したのである。教室の窓の下の犬走りの日当りを選んで子ども達と私の分、合わせて四鉢の水仙を並べていたが、皆一輪だったり二輪だったりの花が開いていたのに何故か隆の一鉢にはまだ花が無かったのである。

照れたような、変な笑い方をしながらテレビ室に入って来た隆を私がジーッと見つめると、彼はニヤッと笑った。「あんた、そこ出しなさい。これでチョン切ってやるから」と言って、私が指でハサミをつくってチョキチョキさせておどすと、隆はひびわれのガサガサの手で股間を押さえて、「ごめんなさい」と言って逃げ回った。他の二人はゲラゲラと笑った。

「隆君は、自分の鉢だけに毎日オシッコをかけてみるといい。かけられた水仙が最後にどうなるか、これもよい実験になるだろうから」と私が言うと、隆は「僕は、小便にもアンモニアがあるからこやしになって花が咲くと思ってしたんばい」と弁解した。「だったら折角だから毎日かかさず、みんなの目の前でかけてみせたがよかろう」と私は言い返したのであるが、結局このオシッコかけはこの時一度切りで終ったようであった。

晴天続きでまるで春を思わせるような陽気となり、学校の隣の礼拝堂の庭の白梅も満開となった。私は、今年はこのまま春が来るのかも知れないと思った。職員室から学校までの桜並木には溝脇にキンポウゲやスカンポの花も顔をのぞかせていた。そして子ども達は至って元気で、お揃いの手提げをさげて毎日仲よく通学してきていた。私は、そんな彼らの姿にほのぼのと心安らぐ思いをするのであった。

14　教育の指針

礼拝堂の庭の白梅も紅梅も美しく咲き、春を待つ草々もいち早く咲きかけたというのに、その朝はまた水道の水が凍るほどの寒さであった。始業前に職員室を出たら、信男が迎えに来ていた。脇坂先生と私と三人で桜並木を歩いて行くと、今度は悦子が迎えに来ていた。前日、本校で保健の研究大会があって私が授業を休んで参加していたので淋しかったのであろう。校舎に入ろうと昇降口にさしかかったら、隆までが教室を出て来た。

「昨日は先生がいなかったけれど、みんなよく自習できたの」と聞くと、隆は「立田先生が沢山プリントを書かせたのでとうとう好きな本が読めなかった。六時間目は好きな本を読んでいいと先生は言ったのに」と不平を言った。彼も他の二人と同じように淋しかったのだろう。

五時間目、学校に来たら教室横の草原で隆と信男が相撲を取っていて、二人とも頭から枯芝の屑を被っていた。間もなく始業の鐘が鳴って二人は上って来たが、勝負の興奮さめやらず教室には入らずに廊下でまた相撲を取り始めるのであった。私は、前の日のこともあるので少し遊んでやろうかと思って、「外に出なさい。もう一度広い所で勝負を決めてやろう」と言って悦子もつれて四人で外に出た。

信男はわけもなく隆に負けたので、いきおい今度は私と隆とが勝負することとなった。結果は、互いに押したり転んだり足を掛けたりの、戯れで終った。いくら頑張っても、隆の力はまだまだなのである。「あーあ」と言いながら隆は立ち上がって両手で枯草を払った。その項から肩のあたりにかけてまだ幼さを残した彼の後姿を見やりながら、私もゆっくりと白衣の埃を払った。

少し時間も過ぎたので、運動場で簡単な体操をした。懸垂、歩き方、スキップ、縄跳び等。悦子はそれらを男の子と何等変りなく出来るのだが、私には股関節をまたどうかしたらという心配が常にあって、自由に休ませることにした。私は男子二人と縄跳びをしながら運動場を廻ったが、長靴を履いたままだったので躓いて見事に転び胸から裾まで白衣が汚れた。後ろに立って見ていた悦子が声を立てて笑った。

私は実に何年振りかでゴム紐を隆と信男に引っ張らせて高跳びをやってみた。彼らの頭の高さを跳ぶ時、また長靴が引っかかった（白衣とゴムの黒長靴が私達教師の日常の服装であった）。これくらいの高さならかつては何の苦もなく跳べたのに、走れば転び、跳べば紐にひっかかるのは私もやはり歳かなあと、少し淋しくなった。

翌日は前日に増しての一層の霜で、職員室の外の水道にはつららが下がっていた。寒さは当分続くかも知れなかったので、私は三年生の理科実験の「氷つくり」をしようと思いたち、子ども達と一緒に試験管に水を入れて外に出しておいた。一晩おいたらアイスキャンデーが出来ているかも知れない。

近頃、信男も隆も垢抜けして美しくなった。ポーッと上気した顔色は本当に健康的だ。信男は園に来た頃は海辺で育った子らしく潮焼けしていて、あまり落ち着きもなかったのであるが、近頃は顔にも艶が出て何となく品がよくなった。信男の顔には汗が流れるように出た。そして体の割には小さくてふっくらと丸みのあった手にも、工作など何か一心にやっている時にはじくじくと汗がにじんでくるのである（私は今でも信男のことを思うと、何故かあのふっくらとして愛らしかった手が目に浮かんでくる）。

その信男が近頃、しきりに本を読みたがるようになった。ちょっとの間も本を開くのである。ひょいと表紙を覗いたら『海底二万マイル』だった。海の大好きな信男、いつも故郷の海を胸に抱いているこの子にとっては何よりも読みたくて楽しい本だったのであろう。

それにしても、こんな本が図書室にあったとは私は知らなかった。そして、ついこの間までは自分で読むよりも私に読んでくれと言っていた信男が、今は自分から図書室に足を運び、時を惜しんで海の世界の本を読みふけっているのが私にはたまらなく嬉しかった。

その日はテレビで「中共の民衆の生活」という番組を子ども達と一緒に見た。番組では建設途上にある中共の民衆が偉大なる祖国を作り上げるために、共産主義国家樹立を目標に滅私奉公の精神で働いている姿が映し出されていた。十七、八歳の娘達が砲撃の訓練をやっているかと思えば、保母の指導のもとに保育園の園児達の遊戯にまで軍事教練の動作のようなものが採り入れられていた。

私は番組を見ながら、かつての日本の姿をまざまざと見せられた思いがした。国家のためには個人の安らかな幸福など絶対に許されぬ状況、祖国のためなら国の果てまでも喜んで行くという中国人達の現実――。暗澹とした思いでいる私の横で突然、隆がしゃべり始めた。「自分は自由主義、資本主義の政策よりも共産主義の方がいいような気がしていたが、これを見て嫌になった。食べ物や普通の生活に必要なものはみんな平等に手に入って便利だろうが、カメラなどは高くてテレビもあまり見られないので嫌だ。日本くらいに貧乏人と金持ちの差があまりない、少し金持ちがいるというくらいの国がいい。また、中国の農業は大昔とちっとも変わっていない。何だか馬鹿みたいじゃないか。全く頭が悪い」

子どもながらに見る所を見ていたのである。彼の饒舌はなおも続く。「中国は国は広いし、人間も日本より多い。だけど日本人は頭がいいから中国には絶対に負けん、負けるもんか。でも、もし負けたとしてももともとだ。昔から大ていの文化は中国から伝わったものだから」

私はこのテレビ番組を見て、中国の民衆が一丸となって、それこそ一つ旗のもとに挙国一致、滅私奉公で国作りに励む姿に圧倒される思いであった。広大な国土と十億の民、眠れる資源、溢れるばかりの民衆のエネルギーなどを思うと、軍国調の教育への嫌悪感は別としても何とも空恐ろしく、危機感さえ感じた。隆も私と同感だったのであろうか、しきりに「中国に負けるもんか」と口走ったのであるが、この負ける負けぬはぬきにしても、全世界に目を瞠らせるほどの中共のパワー、それが何とも私には気になるのであった。隆はよほど感じるところがあったのか、学校からの帰途も自分の思いをたて続けに喋り、私はこれが小学五年の子どもの感想とはと舌を巻きながら聴いていた。

感受性が強く、テレビ、新聞、ニュース、少年雑誌、大人の話など情報源となるもののすべてから非常な吸収力をもって自分のものにとり込もうとするこの子のために、また伸びて止まぬ他の子のためにも、大きな影響力を持つ私はもっともっと何でも知りたかったたし、また勉強もしたかった。いや、それはしなければならないのであったが、他方では決して指針を誤ってはならないと思った。それは、私の働きかけの如何によっては彼らをどうとでも変えてしまうことになるのではないかと思ったからである。現に今見たテレビ番組のように、まだ何の分別もない保育園児の頃から繰り返し繰り返し吹き込まれた国の主義主張は、子どもが成長するに従ってやがては確固たる信念となり行動へと発展していくであろう。そのような教育は国作りにはきわめて有効かもしれないが、人間形成という教育本来の目的からはずいぶんとはずれたものになるのではないかという気が私にはした。それは、まだ記憶に生々しく拭いさることの出来ない、かつての私自身が歩いた軍国主義教育の果てを思えば明白であった。

戦争を知らない子ども達に、あのおぞましい戦争の体験だけは絶対に繰り返させてはならない。隆達やテレビで見た中共の子ども達が大人になる頃、世界は一体どんな状況になっているか知れないが、世界の国々の人達が少なくとも生きる甲斐を見出せる国であり、絶対に殺し合う戦争の無い共存共栄出来る平和な世界であるようにと、私は願わずにはいられなかった。

15　草取り

三月も半ばとなり、卒業式を十八日にひかえて中学の方はその準備に忙がしかった。小学校にも卒業生がいる場合は一緒に行われるが、三十九年度は該当者がいなかった。

風邪で三日ばかり学校を欠席していた隆が朝から出て来ていた。まだ少し風邪声で、少し痩せたなと思った。先頃は中学のKが風邪で休んだが、寮では配慮していてもやはり同室で一緒に生活していれば誰かが貰ってしまうのである。寮に様子を見に行こうと思いながらもとうとう果せずにいるうちに、隆は学校に来たのであった。

その日の午後、卒業式の練習が終ってから、私は三人の子ども達と一緒に学校を出た。職員室に入ろうとしたら男の寮係のKさんが出てきて、彼らにとも私にともつかぬような口調で、「職員室を出たすぐ横のところの空地の草と小石を取り除き、耕して沈丁花を植えたらどうか。苗はあるから」と言われた。彼らはそれを聞くとすぐ、「そうしよう」と賛成した。隆は私に向って「先生も加勢してよ」と言って、手提げをひょいと肩にかけながら寮に帰っていった。

Kさんの話に子ども達は即座に賛成したけれども、私は大事な仕事をやりかけていたのですぐにという訳にはいかず、職員室で仕事の続きにかかった。ふと窓の外を見ると、いつの間にか信男が空地の草取りを始めていた。私が「他の人はどうしたの。あなた一人ね」と聞くと、彼は黙って頷いた。隆はさっきはすっかりその気になっていた様子だったのにどうしたのだろうか、まだ気分がすっきりしないのかもしれないと思った。このような場合、一緒に仕事をするはずの者が来ないと大抵は止めてしまうのが普通なのに、たった一人で草を取っている信男に私は子どもには珍しい意外さを感じた。

三十分ばかりして気になったので、職員室の窓をまた開けてみると、信男はやはりまだ一人で草を取っていた。私はこの子の根気強さに驚き、「急ぐ仕事があるので手伝えなくてごめんね。それにしても、あなたはさっきからずーっとたった一人で全く感心ね。隆君達はどうしたのだろうかね。忘れるはずもなかろうに。もう大抵で止めて今度みんなで一緒にするようにしたら」と声をかけながら、何とまあ忍耐強い子だろうかと改めて感心した。いきさつを知らない中学の女の子達二、三人が、草を取っている信男の横を特に気にとめるふうもなく入浴の道具を抱えて通りすぎて行った。

学校で答辞や送辞などの練習を終って職員室に帰って来られた中学の脇坂先生が、「藤本先生、信男君がそこで草取りをたった一人でしよるの知ってるね」と驚いたように尋ねられた。私が「それがもう四十分ばかりもあんなにして、たった一人でやっているのですよ。もう止めたらと言うのに」と答えると、先生は「私はあんまり徹底した仕事振りなのでしばらく立って見ていた」と言われた。

全く信男の仕事振りは子どもとは思えぬほどの立派さであった。普通、子どもの草取りは茎の部分を引き千切るくらいがせいぜいなのだが、彼は草の根に絡まる土まで振るい落し、数カ所に分けてきれいにまとめていた。それは私の草取りなんかよりもはるかに徹底していた。農家の方達の草取りを見ていると、取った草はきちんとまとめて置きながら先へ先へと進まれるが、信男のそれはプロには及ばぬながらも全くその手法なのである。私は、この子にはかつてこんな経験があったのだろうか、それとも幼い頃に故郷で見覚えていたということなのであろうか、と思った。

脇坂先生が「あの子の後ろに立って黙ってその仕事振りをしばらく見ているうちに、感動してつい涙がこぼれそうになった」と言われるのを聞いて、私は、脇坂先生もやはりそうだったのかと思った。たしかに信男は学習の面ではあまり振るわなかったが、それは前にも述べたように一年に百五十日もの事故欠をしたりしていて、子どもとしては決して恵まれた環境ではなかったからであった。しかし、彼はそういう中でも心素直に育ち、学習面でのハンディを補うものを持っていた。

信男は一時間ばかりかかってたった一人で草取りをし終えた。転がる小石と取った草を集めてしかるべき所に処理し、更にそのあとを箒できれいに掃いて終りにしたその仕事振りは「見事」の一語につきた。当園の在園者は病人であるために、当然のことながら一般的には勤労は嫌がられる雰囲気の中にあるのであるが、私は彼の行動に感動し、ただただ脱帽した。そして、この子の一言の言挙げもしない全くの無言の行動に、私も脇坂先生も深く教えられるのだった。

しかし次の瞬間、私は少なからぬ後悔の念にかられた。それは信男がたった一人でこれほど見事な仕事をなし遂げたのを始めから終りまで見ていながら、たとえ急ぎの仕事を抱えていたとはいえ私が何の手助けもせずに見すごし、また一緒にするはずの他の二人の子ども達がどうしているのか、どんな気持ちでいるのかを確認しようとしなかったことである。寮係のKさんとの職員室横での立ち話では、子ども達は「早速」というふうに受け取ったと私は思ったのであるが、そうではなかったのか。考えてみれば、子どもとはいえあまりに賛同するのが早すぎたような気もした。彼らの間でもはっきりとした合意がないままに信男だけが真面目に出て来たということなのであろうか……。いずれにしても、私は信男一人に約一時間にもわたる労働をさせてしまったことに今更ながら教師としての配慮が足りなかったと思い、そのことにこだわるのであった。

仕事をなし終えた信男に対して、私と脇坂先生は職員室を出て惜しみない賞賛の言葉を贈った。信男は、一つの仕事をなし遂げた安堵感というか満足感といおうか、爽やかな顔を私達にむけ、それでも私達の賛辞が大げさすぎると思ったのか、少しばかり照れたような笑みを見せながらズボンの土埃をはたいた。そして、私たち大人のこだわりなど知る由もなく、ゆっくりと歩いて寮に帰って行った。「今からすぐお風呂に行って、ゆっくり休みなさいよねー」と私が声をかけたが、彼は振り返りもせずに寮の木立の中に消えた。

その年の中学の卒業生は男子一名と女子一名で、女子のS子は集団就職をすることになっていた。本校の合志中からは同じ職場に就職する子はいなかったが、郡内の中学から一人同じ職場に行く子がいた。脇坂先生が隈府の職業安定所でS子をその子に引き合せ、これからは一緒にいるようにと力づけられると、その子のお母さんがS子に「どうかよろしくお願いします」とていねいに挨拶されて、S子も大いに自信を得て、二人はもう職安ですっかり仲よくなったということであった。

S子がいよいよ出立する日、医事係のF主任も来られて児童寮でみんなとお別れをした。S子の兄は少々お酒も入っていたが大変喜んで、しきりに妹の前途を祝し、社会への門出が嬉しく、また何となく悲しいとも言った。彼は最愛の妹の出立を目前に控えて何とも落着かない様子で寮の前を行ったり来たりしていたが、その様子を見ていて私達教師も胸にこみ上げるものがあった。

S子の兄はしきりに、「私もみんなと一緒に駅まで見送りたい」と言ったが、F主任が「別れというものはどこまで行っても同じことだ。名残りはつきないだろうがここで送って、もう行かん方がよい」となだめられた。兄は、「それはそうだろう。名残りはつきんもんなあ」としみじみとした口調で呟いた。S子には脇坂先生が付き添い、少女寮から代表二名と寮係のAさんが車で送って行かれた。

S子を送り出して子ども達はそれぞれ寮に帰った。私は日直の仕事をしながら、快活なS子がいよいよ社会人となって明日から働くと思うと胸の熱くなるのを覚えた。見も知らない遠い地に行き、やったこともない職業につく。私は、S子がどうかまずは元気で無事に生活することが出来ますようにと、独り祈った。

こうして数々の思い出を残して昭和三十九年度が終った。

16　雪やなぎ

四月の初め、学校がまだ春休み中のことであった。日直の私は学年末からそのままになっていた私達職員の予防衣をまとめて朝から洗濯に出しに行ったのであるが、洗濯場の前で目も覚めるばかりに美しい雪柳を見た。花がちょうどまっさかりで、咲き極まったその雪柳はふっくらと見る者を暖かく包みこむようにしてそこに立っていた。純白の可憐な小花は無数に集って長い穂となり、眩しいばかりに輝きながら春風にかすかに揺らいでいた。

私は、今までこんなに見事な雪柳を見たことがないと思いながらしばらくそこに佇んで眺め入った。じっと見ているうちに、そのあまりの美しさにわけもなく涙がこぼれそうになり、また何とももの悲しいような思いにかられるのであった。

雪やなぎ咲き極まれる耀やきをうつつともなく見呆けて佇つ
雪やなぎ咲きの極みのひそけさよあるとしもなき風にさゆらぐ

私は職員室に帰ってからも、見てきたばかりの雪柳の姿態をまざまざとまなうらに描きながら、これとほとんど同時に咲く連翹《れんぎょう》の黄とさらには蘇芳《すおう》の花の赤紫とを独り頭の中に描き加えて愉しんだ。これらの花のコントラストの見事さこそ、毎年私の心をときめかす春の風物詩の中の最たるものだったのである。

たまたまその時、中学の一男と信男が職員室の窓の下まで来て私に声をかけた。二人は寮に居ても退屈で仕方なかったので出て来たと訴えたので、私はとっさに、今見てきたばかりのあの花を彼等にも見せようと思った。

「あ、そう。じゃあ黙って私のあとについて来てごらん」私はそう言うなり先に立ってどんどん歩いた。洗濯場までは五、六分かかる。途中、私は二人があの花を見て開口一番に何と言うだろうかと、そればかりを思いながら歩を速めた。二人は不思議なほど素直に私のあとについて来た。

さて洗濯場まで来ると、私は指さして「それ」とただ一言だけ言って立ち止った。二人は雪柳を見るなり、「わあー、美しかー」と異口同音に叫んだ。そしてしばらく無言で佇んだ後で、はじめてこの花の名を覚えた一男が「ゆきやなぎ。きれいな名だね」と呟くように言った。

私は彼の口からこんな言葉を聞こうとは夢にも思っていなかった。時々、私達教師がドギマギしてしまうような辛辣な言葉を言ってのける一男が、こんなにも優しい言葉をごく自然に口にしようとは……。

私はその呟きを聞いたことが実に嬉しかった。

子どもというものは全く正直なもので、自分の心が動かぬことには冷淡とも思えるほどに素っ気ない態度をとることを私は彼らとの日常の中で何度か経験し、ある時は寂しい思いをしたこともあったのであるが、春が来ればいち早く蕾をふくみ、やがて精一杯に咲き、そして咲き極まりながらも何に媚びるでもなく驕るでもなく、全く無心とも見える姿で微かな風に身を委ねて揺らいでいる雪柳の花は、子どもの目にもやはり美しいのであった。彼らも子どもなりにこの花によって心洗われる思いをし、形容出来なくても何かを感じ取ったに相違なかった。

雪柳の花は、私にとって忘れかけていた心を蘇らせてくれた。まことにしなやかなその姿態の中に神秘とも思える花の生命の極限の美しさと愛《かな》しさを見せてくれた。人間の思いをはるかに超えた大自然の深い深い営みの一端を私は垣間見た思いであった。

家に帰らず寮に残った子らにとっての退屈な春休みもやがて終り、始業式の日、私は久しぶりに学校へ行く道を通った。春休み中は私は雪柳の見事さにばかり心を奪われていたのであるが、寒のために花の時季が少し遅れた並木道の桜はまだまだ見ごたえがあって、職員室から学校まではまるで花のトンネルのようだった。樹齢を重ねた並木の桜は若木に比べるとまさに万朶、華麗なそめいよしのは微風にも花吹雪を霏々と降らし、まさに世は春爛漫であった。

私は桜並木の下を通りながら、もし美しいこの花々を虚心坦懐に眺めることが出来るなら、どんなにか幸せであろうと思った。しかし、最愛の肉親と心なくも別れ、懐かしい故郷を捨ててここに来て療養している人たちのことを思うと胸が痛んだ。この園の桜花はあまりにも美しすぎて、私は余計にその思いを深くするのであった。

新学期を契機に学校の理科室が少し暗かったので、音楽室と入れ替わることになった。自治会に頼んで三人の若い人達に手伝ってもらった。そのゴタゴタのさ中に幸子がいた。先だって教室に闖入して私たちを煙に巻いたあの子である。誰かについて来たのであろう、もうじき小学校に入学するというので大張り切りなのである。大掃除をしている先輩の子ども達に交ってチョロチョロしながら結構一人前に精を出し、モップに振りまわされるようにしながらも一教室の床をほとんど一人で拭いてしまった。

その間にも、幸子はちょいちょい顔をあげては私を見た。私があちこち歩きながらも彼女の動作を見ていることがわかると満足そうにまた床を拭く。私の腕を捉えて、「センセ、こんどは何しようか」と耳に口をつけてきて私に囁く。とにかく自分を認めてもらいたいし、更には私に賛めてもらいたいの一心なのだ。まだまだ幼いには違いないけれど、この子はこれで案外自分の身のまわりのことについては手をとらないかも知れないな、と私は思った。

いよいよ入学の日。幸子一人の入学であったが、分校では入学式・卒業式は実に盛大に行われる。出席者は、園からは園長はじめ医務部長、事務部長、庶務課長、医事係主任、係長、校医の先生、園の自治会長並びに教育係、それに父兄や有志。村側（昭和四十一年から町制となった）からは村長をはじめ教育長、教育委員、本校からは小中学校長、教頭、養護教諭と実に大変なものである。十時半の開式に、園長先生は十時には職員室まで来られた。

入学式の主役の幸子は正装して椅子にチョコンと腰かけて、さすがに緊張の面持ちであった。それもそのはず、こんな大層な晴れがましい席にはそれこそ生れてはじめて出たことであろうし、これまでは母親のもとで暮らしていて何十分かを椅子に腰かけることさえはじめてのはずである。まして人の話に耳を傾ける訓練など出来ていようはずもない。案の定、小学校長の話を聞きながら退屈したのか腰かけたままの恰好で靴を脱いでみたり履いてみたり、さては脱いだ靴を自分の胸のあたりまで持ち上げたりする始末で、斜め後ろにいた信男がたまりかねて控え目にたしなめると、振り返って睨みつけるのであった。

そんなわけで、幸子は指名の点呼にもとうとう返事が出来なかった。練習の時には大きな声で返事をして皆に賛められたのに、本番では気おくれしたのか恥ずかしかったのか。

幸子はとても学校に来たがっていた。これからは母親の膝元を離れて児童寮に移り、そこから通学することになる。この先、幸子を加えた私達の教室にはどんな毎日が待っているのだろうか——私は式の間中そんなことを考えながら、まだまだ幼い小さな後姿を見守るのであった。

翌朝はよく晴れた日であった。私がいつもより早く学校に行って昇降口のところに立って子ども達の登校を待っていると、私を認めた幸子が二十メートルも離れたところから「センセ、おはようございます」と大声で挨拶しながら走り寄って来た。後ろには先輩のお姉ちゃん達を従えて、それはまるで凱旋将軍の入場のようにも見えた。児童寮の一員となった幼い幸子に皆で気をつかいながら連れて来たのであろうが、当の御本人にはそんな心遣いなどまったくわかっていない様子でアッケラカンと実にさわやかな顔をして意気揚々と初登校をしたのであった。私は、幸子を迎えてわが小学校教室もこれまでとはまた変った雰囲気をかもし出すことになるだろうと思った。

午後からは思わぬ春風となった。折角の桜も一陣の風に花吹雪となって散り、そこここに吹き寄せられていた。桜もいよいよ見納めであった。私は、かの雪柳もこの風にと揺れかく揺れしながら靡いていることだろうと思った。

17　幸子を迎えて

今まで父母の膝元で何事も自分の意のままになるのが当然のこととして過ごしてきた幸子が母の手を離れていよいよ児童寮の一員として生活するようになったことで、これまでは自分の身のまわりのことだけやっていればよかった児童寮の小中学生達も以後はそれぞれが幼い幸子のために少なからぬ気配りをしなければならなくなった。例えば朝始業の時間に登校するにしても、幸子を自分達と一緒に学校に連れて行くためには、まずは起床から始まり、寝床の片付けから朝食の世話、登校に際しての服装から学用品の点検、さては時間割の世話に至るまでの心配りが必要であった。

当時、夜は男子の職員が宿直をして昼間は女の寮係の職員にこの子達の面倒を見てもらうことになってはいたが、何といっても四六時中一緒に居る同室のお姉ちゃん達に面倒を見てもらわなければ幸子は一人ではなかなか自分の身のまわりのことさえ皆と一様には出来かねたのである。しかし、児童寮の同室の子ども達がどんなに心配りをしたとしても、集団生活の中では彼女達にもそれぞれ決められた役割があり、そうそう幸子にばかりかかまってもいられないのが現実であった。

これから始まろうとする未知の生活に対して心幼い幸子がどんな思いを抱いたかは知るすべもないが、

子ども心にも漠然とした不安と孤独感を味わったであろうことは確かだろう。また、これまで最年少であった悦子にしても言葉には出さなくてもそんな思いは常にあったに違いない。悦子は最初は自分の意思表示どころかほとんどものも言わなかったし、私が話しかけてもあまり反応を示さなかった。そんなわけで語彙も少なく、従って表情にも乏しかった。淋しかったに相違ないのである。けれども親もとを離れて生活する間にいろいろの事を経験しながら、今ではそれなりに逞しく育っていた。

ここの子ども達はみんなそうなのである。私は園に赴任した当初、彼らが同年代の外部の中学生や小学生に比べて実にしっかりしているのに驚いたのであるが、それというのもこういう一つの社会の中で子どもであってもそれなりに自らを処しながら精いっぱいに生活していたからなのであろう。ともあれ幸子は、上級生を「お兄ちゃん、お姉ちゃん」と呼びながら児童寮の最年少の一員となったのである。

例年になく遅くまで美しかった桜の花もいつのまにか散り果て、気がつけばもう若芽から葉桜の季節に移ろうとしていた。

幸子は新しい生活にもいくらか馴れて、学校には喜んで来ていた。本校からもってきてもらった一年生の算数の計数器一式を渡すととても喜んで、休みの時間にも教室の外に持って出た。さらに、お母さんに見せたいとまで言うので、「明日は必ず持って来るのよ」と言いきかせて持たせて帰した。幸子の授業はまだ二時間くらいで終り、治療にはいつも寮係のAさんがついて行かれていた。

はじめの音楽の授業の時は、六年・四年・一年を一緒にどうやったらいいか、私は全くとまどってしまった。隆が一年生の歌を喜んで歌うはずはないし、かといって六年生の歌は幸子にはむずかしすぎる。すべてがそんな具合で、わずかな人数といっても能力もまた四人四様なのである。

この子らの取扱いの複雑さに私はほとんど息つくひまもなかった。幸子はちょっと目を離すと、「センセイ、ちょっと、ちょっと早く、ちょっと」と私をしきりに独占しようとした。幸子にはすごく手がかかるが幸子ばかりにかかってはいられないし、かといって捨ててもおけず、どの子にも手は抜けないのである。全くへとへとに疲れてしまう。僻地の分校の先生方はどんな取扱いをしておられるのだろうか、教師という職業もやはり最後は体力だとつくづく思ったりもした。

私だけが疲れてその割には能率の上がらない毎日だったが、新学期になってからの教室の雰囲気を子ども達自身はどう感じているかということが大きな問題ではあった。

四月末は社会の学校でもそうだが、園でも子ども達の身体の諸検診が行われる。歯牙検査では幸子がどうしても口をあけず、困り果てられた先生が「ま、そのうちにボチボチやりましょう」と苦笑されたことがあった。

幸子は大人ばかりの中で育てられて、それまでは自分の思い通りの生活をしてきていたので我を通そうとするところがあった。また、かつての悦子の時のようにどうして口を開かせるかと苦心することはなかったものの、今言いきかせたことも忘れてケロリとしているところもあった。まだまだ幼いということであろうが、とにかくこれからはこんなペースに合わせながら気長に「ボチボチ行くことにするか」と私も自分に言いきかせるのであった。

そういうなかで、子どもの日が過ぎた頃に女の子が一人転入してきた。一見おとなしそうで実に感じのいい子であった。ここではとし子と呼ぶことにしよう。四年生ということでこれで四年は三人となったが、他の学年でなかったことで私は内心ホッとしたのであった。

信男はそうでもなかったが、悦子は転入してきたとし子に大変な関心を示した。席を横に並べると、まだ顔を見覚えたくらいなのにもう話しかけていた。友達ができるということはお互いにとっていいことで、仲よくやって欲しいと思うのであった。

さて幸子は、私がいろいろ心配したよりも表面は元気で、何事にも我が道を行くの感があったが、五月に入って思いもかけないことに急に頭髪がぬけ落ちてしまった。病院の先生は病気のせいではないと言われたが、してみればストレスなどによって禿げるとかいう神経性の脱毛症なのであろうか。幸子にすれば一年生になったことで生活環境が変わり、それがストレスとなってこんなことが起ったのであろうか。しかし、何か特別に悩んだり不愉快な出来事があった様子もなく、私は入学以来の彼女の日常の振る舞いを改めて思い返してみたりした。

その後、幸子の脱毛には電気治療が施されるようになり、少しずつ回復に向かい始めたものの、彼女は頭髪を大変気にしていつも帽子を被って登校するようになった。

それからしばらくたって、私が本校に事務連絡で立寄って出勤が遅れたことがあった。中学の脇坂先生が子ども達を見ていて下さり、幸子は前の日に遊んだ「ままごと」の絵を書いていた。私が教室に入るとすぐにその絵を見せに来た。彼女にとってそれはまさに会心の作だったのである。

まん中に居るのは幸子自身で、立って両手を拡げていた（まだ幸子には坐った姿はむずかしくて表現出来ないのであった）。まわりには人形やままごとの道具がいっぱい描かれて色もはっきり塗り分けられていたが、一緒に遊ぶ子は一人も居なかった。きっと、ひとりごとでも言いながら遊んだのであろうと思いながら私は見たのであったが、大変よく出来たと私から賛められて彼女は御満悦であった。

治療に行く時、幸子がその絵を持って出たと他の子に聞いたが、きっと賛められた絵を母親に見せたいと思ったのであろう。そこまではよかったのだが、幸子はとうとうそのまま教室には帰って来なかった。園では小さい子が居ないために大人から大変可愛がられるのであるが、帰る途中でついどこかに上がりこんだりしているのではなかろうかと、教室に残った私達は話したのであった。

教室では午前の授業が終わった。児童寮に帰る時、幸子に対していつもはとり立てておせっかいするでもなく、かといって無視するでもない信男が、ごく自然に幸子の机の所に行ったかと思うと、彼女の本やノートを机の中から出して自分の手提げ袋の中に入れた。信男の実にさりげない、しかも予期せぬ行動を目にして、私は何か得がたいものを垣間見た思いでほのぼのと心温まるのであった。

二人の女の子達も黙って信男の後に続いて教室を出た。そして、少し遅れて教室を出た私は三人の子達の後姿を追いながら、幸子は私達より一足先にもう児童寮に帰っているのかもしれないと思いながら、すっかり青葉になった桜並木の道を急いだ。

18　父の来訪

隆のお父さんが突然園を訪ねてこられたということを児童寮係のAさんから知らされた。隆が一昨年の二月末に入所してから四度目の訪園である。お父さんは隆を園長先生に診察してもらったり、医務部長先生と会っていろいろと彼の病状や健康状態の説明を受けておられるということであった。

病院の方の用件が一応済んでから私はようやくお父さんと会うことが出来た。今度の来訪について私は隆から事前に何も聞いてはいなかったのだが、隆自身も何も知らなかったようで、愛しい我が子を案ずる余りの、矢も楯もたまらなくなっての急な来訪のように思われた。

私が「この前おいでになった時と今度会ってみて、隆君はいくらか変わったと感じられましたか」と尋ねてみると、お父さんは「大変元気そうで、体の方も大きくなって成長しているのには驚きました。しかし何だか生意気になったようにも思います。先生、どうかきびしく躾けて下さい。生意気な時にはどうかびしびし叱って下さい。何もかも先生にお任せしますから、どうかよろしくお願いします」と言われたが、そう言いながらも男ながらに涙で目が潤まれるのであった。本当は一刻も早く故郷に連れて帰りたいのであろうが、それは許されない。彼の病状がまだ落着かないからである。家に残ったお母さんも隆の近況を知りたくて、お父さんの帰りを今か今かと待っておられることであろう。

お父さんは熊本駅の近くの旅館に泊まっておられたので、夜は隆もそこで一緒に外泊することになった。お父さんは、「必ず明日の始業時間には間に合うように連れてきますから」と念を押して隆を伴って職員室を出られた。隆は格別嬉しそうな顔も見せず、父親と並んで職員室前の道を電車の停留所の方に歩いていった。

せっかくお父さんが久々に訪ねて来られたのだから隆はもっと嬉しそうにはしゃげばいいのにと思いながら、私は職員室の前の芝生に出て父と子の後ろ姿に向かって「行ってらっしゃーい」と大声をあげて手を振った。二人は振り返り、お父さんは一礼され、隆は手を振ってニヤリと笑った。私は二人が前の道を曲がるまで見送り、「男の子って、あんなに素っ気ないもんか」と、隆の態度に物足りなさを感じながら職員室に入った。

それでも、隆が久しぶりにお父さんと水入らずで心から安らいだ一夜が過ごせるのはほんとうによかった。そう思うと私は嬉しくて胸がいっぱいになったが、やがてまたひとりでにもの悲しくなってくるのであった。

隆は一晩をお父さんと過ごしただけで、翌朝は約束の通り始業前に連れられて児童寮に帰ってきた。

お父さんが訪園されてから後、隆は以前に比べると目に見えて心和んでいるように見えた。実はお父さんの訪園前数日、この子の言葉つきや態度を見て、私はこの子は今少々心が荒れているようだが何が原因だろうかと独り思っていたのである。それがお父さんの訪園後、かっきりその言動が優しくなった。

やっぱりこの子達は肉親の愛情が欲しいのだ。お父さんがこの子に何を言いふくめられたか私にはよく分からないけれども、とにかく心やわらいだことは事実で、ほんとに私は嬉しいと思った。

やはり親の愛は絶対なのである。この溢れるような愛情には到底かなわないと、私はしみじみと思わずにはいられなかった。そしてお父さんが、私との話のあいだにも何度もハンカチを目に当てられた姿をまざまざと思い起こし、私も人の子の親としてその胸中を思いやるのであった。


五月も半ばを過ぎて、柿の花が学校へ行く道にいっぱいこぼれる頃となった。一年生の幸子も文字カードを拾ったり輪投げをして数字を覚え、四年生の悦子、新入りのとし子もそれぞれに楽しく自習出来るようになった。隆は算数を今までよりじっくり落着いて考えるようになり、信男もまた二人の同学年の女の子達に刺激されてか意欲をみせるようになった。

そんなある日の午後、国語の時間に四年生三名に書き取りのテストをしている最中に隆が突然、「僕も、もう一度四年生になりたい」と言い出した。「どうして?」と聞くと、「四年生頃からもっと勉強しておけばよかったと思うから」と答え、続けて「四年生、君達はもう今からしっかりやっとけよ」と、いかにも先輩ぶって言うのである。

私は「四年生、隆君の今の言葉しっかり聞いておきなさい。今のこと大事な言葉だよ」と言った。そして「けれど隆君、今からでも決して遅くないよ。中学になってから思いつくより六年の今それに気がついたのは本当によかったじゃないの。今のその気持ちをずーっと忘れずにね」と付け加えると、隆は後悔とも発心ともとれるような笑いを浮かべながらその後は黙って自習を続けた。

次の六時間目、隆は私が教室に入るなり、「先生、プリンはどうして作るの。卵と牛乳と、それに寒天を入れて作ろうかと僕は今考えている」と尋ねてきた。かつて家に居た頃、お母さんがいつも作ってくれていて、それが大好きであったから今も忘れられないと言うのであった。彼はシャツの胸のあたりからカサコソと音をさせながら一本の白い寒天をそっと出してみせた。売店から十一円で買ったのだそうで、「卵を十個配給につけだしておいたから後三日か四日したら来るから、それに牛乳を入れて作ろうかと思っている」と言った。

大好きなプリン。それは懐かしい、しかし今は遠く離れた母の味なのである。先頃お父さんと久々に会って古里のお母さんのことを改めて懐かしく思い出して、プリンが食べたくなったのであろうか。

わがままのくせにいつも誰かと一緒でなければ淋しがり、それでいて腕白でもある隆。そんな甘えっ子が今自分でプリンを作ろうとしている姿が私には愛おしかった。大人でも技巧を要するプリンが果たして具合よく出来上がるかどうか……。

翌日は六年の国語「水たまりの一生」を隆と一緒に学習した。「水たまりの一生」の文を私が心をこめて読み、付説しながら指導するのである。

「清く澄んだ水たまりの水」は見るものすべてが美しく見える。それは見る人自身の心が美しいからである。物事をすべて善意にとれば、水面に写る空を見ても野の花を見てもその美しさに素直に感動することができるのである。「どぶの水」からいつも口汚く揶揄されながらも――。善意のもの、正直で純粋なものほど傷つき易く、苦しまねばならないが、私はそれは宿命のようなものであるようにも思う。一方「どぶの水」のように自分の言動がいかに相手の心を傷つけているかということにさえ気がつかないものもおり、だからもちろん反省などあろうはずもなく続けられるのであるが、それでもお互いに反発し合いながらも最後には「きれいな水」も「どぶの水」も水蒸気として昇天する時、それはみな美しい。

この素晴らしい教材に隆がいかに触れることが出来るかと私は大変な関心を持って指導したのであったが、幸いにして彼は非常な感動をもって学習した。私はその様子をみて何かホッとするような安らぎを覚えた。

人は一生涯、この少年の日のように美しいもの、正しいもの、真なるものに素直に感動しながら生き続けることが出来ればそれは最高に幸せだが、成長するにつれて、若者は若者なりに、また老人は老人なりに、時には予想だにしなかった事態に出合うこともあるだろう。そんな時、戸惑ったり悩んだり苦しんだり、あるいは一大奮起したりして切り抜けながら生き続けるのだろう。隆だってこれから先、幾多の難しい事態に直面するであろう。そして人間社会の矛盾も醜さもその目でしかと見るであろう。隆が壮年となる頃、日本がまた世界の情勢がどう変わっているかは私には到底予測もつかないが、とかくまっとうに生きようとすればするほど、挫折もまた失望もあるだろう。

しかし、どうか明るく逞しく生きていって欲しい。そして、より強く、もし人類が怪しげな方向に向かおうとするような時には勇気をもって阻止し、軌道修正するような力もつけて欲しい。その為にはやはり、いつも「感動」を失わずにいて欲しい。無感動こそが無気力に繋がると思うからである。

ともあれ、国語教材「水たまりの一生」の学習指導は、隆がまことによく読みとってくれたので思いのほか楽しくて、生徒である隆と教師である私とが真から心触れ合う時を持つという幸せをもたらしてくれた。

私は生きている限りは「感動」を失わずに持ち続けていきたいと思う。感動を失ってしまった人生なんて何の張りも潤いもなく、およそ無意味だと思うからである。そして深い浅いの違いはあるにしても、感動することによってすべて事は始まるのではないかと、私は今考えている。

19　母のもとを離れて

六月も半ばをすぎて暑くなってきた。ある朝、信男がどこからか兜虫を一匹教室に持って来た。なかなか得難い虫の出現とあって子ども達は珍しがったが、中でも上級生である隆が一番面白がって眺めていた。私は、これでは兜虫が気にかかって到底授業にはならないだろうと思い、折角の機会だからしばらくこの虫で遊ぼうと思った。

信男が「兜虫は砂糖水を呑むよ」と言ったので、隣の部屋の常直のS先生から砂糖をもらってきて砂糖水を呑むところをみんなで観察した。じっと見ていた悦子が「兜虫っていつも自分ひとりでいるのかなあ」と言うと、幸子が「今日は砂糖水を呑んでもうけたと思っているよね、きっと」と言ったのでみんなで笑った。

兜虫のいかめしい角や歩き方、砂糖水を呑む様子などを子ども達がそれぞれの思いでじっくり観察したところでめいめいに黒板に描かせてみると、同じであるはずの兜虫の形が五人五様に違った。また、長いこと観察していた割りには案外肝腎のところを見落していることも分かった。信男の観察が一番正確であったが、幸子の兜虫はまことに子どもらしく面白く描けていた。

隆は翌日になってもまだ兜虫と遊び飽きぬらしく、とうとう一人で独占してしまったようだった。授業が終って兜虫を机の上に取り出し無心に眺めているところを私と脇坂先生に廊下から見られていたことに気づいた時は、ニヤッと笑って兜虫をポケットに押し込んで教室を出ていった。

幸子が一年に加わってから、私はつくづく複式学級の授業のむつかしさが身に沁みるようになった。当たり前のことではあったが、幸子にはまだ自習は無理だった。隆が時々みかねて、「先生、大事《おおごと》ね。僕が自習するから幸子をみてやってよ」といってくれるほどであった。

その日は終わりの時間に幸子に絵本を読んでやった。そして絵を見ながら話させてみると、どうにか話の筋は理解出来ているようであった。学校から帰る道すがら、私は幸子と手をつないで口で作文を作った。

私「今日は幸子ちゃんと先生と」と言うと、幸「いっしょにかえりました」。次にまた幸「いっしょに手をつないでかえりました」とつけ加えた。私「先生は手提げを」と言うと、幸「幸子が持ってあげると言いました」。私「いいよ、おもいからと言いました」。幸「いいから持って上げると言いました。そしてずっと持って帰りました」——こうして短い作文が出来上がった。

私が、「大へんお話がうまく出来ました」と賛めたら、幸子はにっこりして、児童寮の前で「さよなら」と言って別れた。ところが二、三歩行ったかと思うとすぐまた引き返して来て、私を引っ張って耳許で「先生、もう一人の女の先生と男の先生に、幸子が上手だったと言っといてね」とささやいたのである。人によく思われたい、賛められたいという気持ちを、子どもというものはこんなにも憶面なく言えるものかと、あとで私達は職員室でひとしきり笑ったものであった。

しかし、私達からみれば実に無邪気な幸子も、上級の子どもからはその余りの無邪気さ故にか時に嫌がられることもあった。上級生に指図をするというのである。今まで母親が許してくれていたわがままは母親なればこそであって、いかにお姉ちゃん達といえども容れかねることもあったのであろう。これは後のことであるが、学校の昇降口の所で幸子が何気なく中学のC子と手をつなごうとしたら邪慳に振り払われたところを目撃して「あれっ」と思ったことがあったが、当の幸子は何と思ったであろうか……。しかし私の見る限りではその後、実にあっけらかんとした顔で教室に入っていった。

ある日、幸子が絵を描いた。治療室で電気治療を受けている絵である。入学した頃、髪の毛が抜けることについて、病院からは病気とは関係ないと言われていたので私はストレスが原因かと心配したのだが、電気治療に行くようになってから髪の毛が生えだして今ではほとんど生え揃ってきた。説明をさせると、〝今はこうして治療を受けているが、大きくなって真っ黒い髪の毛が生えたところ〟というもので、房々と肩のあたりまで垂らした豊かな髪が力をこめて黒々と塗りたててあった。私は、はからずも幸子の悲願ともいうべき絵を見せられてほろりとした。これは寮係のAさんから聞いたことであるが、幸子は中学の立田先生が「アイスクリームを余り沢山食べると髪の毛が抜けるよ」と言われたことをよく覚えていて、他の子達が食べる時もじっと我慢しているらしかった。

幸子は私と作文を作って賛められたことが嬉しかったらしくて、日を置かずしてまた二人きりで帰ろ

う と誘ってきた。たまたまその日は四年も六年も算数がむずかしくて幸子にまで手がまわらずに何とも済まない気がしていたので、私にとっても好都合だった。幸子はまだ五十音をよく覚えていないので文章は書けないけれども、上級生が居ないで私と二人きりになった時には実に生き生きと話をし、時に予期しないほどの口述の文が出来ることもあったのである。

二人で桜並木の道を通りながら、私が「今日も幸子ちゃんと先生と手をつないでかえります」と言うと、幸子「先生とかえるのは幸子うれしいです」。幸「ちょうちょうがとんできました」。幸「みちをあるいていたら、おじさんが幸子にてをだしてきました」。幸「幸子はてでいやといいました。おじさんはわらっててをひっこめました」「あめがふってきたので幸子のかさに、先生といっしょにはいりました。先生はかさをわすれてきました」。

二人で帰る時は、幸子は私と子ども達とのお揃いの手提げを必ず「幸子が持ってあげる」と言って私の手から取ってさげてくれた。職員室の入口で別れる時、「今日はこの前の時よりずっと上手になったよ」と賛めると、幸子は立ち止まってにっこり笑った。

七月に入ってからはほとんど雨が止む間もなく降り続き、そこここで水害が報じられるようになった。殊に八代、人吉、球磨地方などは被害が大きく、梅雨は末期的症状を呈していた。子ども達には梅雨時の衛生について重ねて注意をしていた矢先、幸子が下痢のために学校を休んだ。トマトの大きいのを食べすぎたらしい。

お昼の時間に幸子がどうしているかと思って児童寮に行ったら、ちょうどお粥を食べようとしているところだったので引き返した。三時すぎにもう一度行ってみたら、敷蒲団の上に毛布一枚を着た浴衣姿で、まるでお人形を寝かせたように小さく寝ていた。私の顔を見るととても喜んで、虫歯の黒い歯を見せて恥ずかしそうに笑いながら小さい掌で敷蒲団をたたいて、「先生もここに寝なさい」と言った。私が枕元に座ると、私の腕時計をいじりながら自分の手にはめてくれとせがんだ。この子は入学前はこうして母親に甘えていたのであろう。社会の子ども達のように幼稚園や保育園にも行かず、母親のもとにいていきなり一年生になったのでこんなに幼い仕草をみせるのであろうと思った。

私は幼くして母を亡くしたからそんな記憶は無いが、私の子ども達は病気の時には確かにいつもより甘えた。ちょうど終戦後の物不足の時代で、欲しいものも我慢し、私も毎日食べさせることに忙しくて馴れない畠仕事に疲れてろくにかまってもやれなかったためか、子ども心にもこの時とばかりに甘えたのかも知れない。少量の配給の中から大切にとっておいた少しばかりの白米でおもゆやお粥を作ったりしたっけ……。などと遠くすぎ去った自分の子育ての頃を思い出しながら、私は畳の上にちょっと長くなるような格好で幸子としばらく話をした。私が児童寮を訪ねたことは同室の悦子ととし子にとっても嬉しかったのか、二人も幸子の枕許に来ていろいろとおしゃべりをした。

幸子は膝を立てて、小さい膝小僧を二つきちんと揃えてちんまりと寝ていたが、私にはその寝姿がたまらなくいとしかった。これまでだったら病気の時は母親にいろいろと無理を言ったり甘えたりもしたであろうに……。私が「あしたまでお粥だけで我慢して、ほかは何にも食べないで寝ているのですよ」

と言うと、幸子は「はい」と神妙に答えた。そして急に、「先生はいつか幸子の机の中や押入れをきれいに片づけているか見ると言ったでしょ。今見ていいよ」と言い出した。

そう言えば六月の中頃のこと、四、六年生向けに一斉に国語のテストをやった時に、幸子だけ他の教室で積木や絵本等を与えて自習させたことがあった。時々様子を見に行くと、計算器などもいっぱい拡げたままで無心に積木をやっていた。「今日はあなたが一人でやったのだから、使った道具はきちんと一人で片づけるのですよ」と言って私は教室を出た。時間の終わりに幸子のところへ行ってみると、積木は箱にきれいに整理され、その他いっぱい散らかしてあった道具もあるべき所に整然と片づけられていた。私が「まあきれいに後始末が出来たね」と賛めると、幸子は「先生、寮の机の中も押入れの中もちゃんと片づけているよ。いつか見てちょうだい」と言った。私は「そのうちに児童寮の方も見に行こうね」と約束をしたのであったが、幸子はそのことを私に言っていたのである。

私は幸子に言われるままに机の引出しをあけてみたら、実に整然と片づいていて、押入れの中もまたそうであった。授業では繰り返し教えてもすぐに忘れる幸子にこんな特技があったとは……と思いながら、寝ている幸子の横顔に私は改めて賞賛の言葉を贈った。

幸子は次の日も欠席した。幸子には悪いがその分だけ四年生の算数に力を傾けることが出来たし、音楽の時間の輪唱も大変楽しくやることが出来た。

翌日、七夕の朝は久しぶりに気持ちよく晴れた。合歓《ねむ》の花のうす紅が匂やかに朝光《あさかげ》に息づいている姿を見ると、私は心なぐさみほのぼのと歌心が返る思いをするのであった。

豪雨にうたれ濡れに濡れたる合歓の花朝の光に息づくごとし
ほのかにも紅させる合歓の花いきいきと今朝は匂やかなるも

その日は午後から看護学院の学生達が児童寮に七夕の竹飾りをひらひらさせながら持ってきてくれた。色とりどりの美しい短冊には子ども達みんなの名前が墨で書いてあって、幸子は自分の名前が漢字で書いてあるのを見つけて喜んでいた。私達は看護学院の方達に感謝しながら、七夕の歌をうたったり絵を描いたりして梅雨の晴れ間の夕べを楽しんだ。

幸子は三日欠席してやっと学校に出て来たが、その幸子のことを上級の子達が皆で批判していた。理由を聞くと、「お昼までお粥を食べていたのに、夕食はカレーをおかわりして三杯も食べた。ちょっとこの子はおかしいのではないか」と言うのである。

私は子ども達ばかりで食べる夕食の雰囲気を想像してみた。いつもさしたる話題もなく、みんな黙って食べている。「今日はもうこれくらいで止めなさい。よくなったらもっと食べていいのだから、今はまだちょっと我慢した方がいいよ」と心では思っていても誰も言いだせないのだ。その結果が今私の前での非難となったのだろうと、無言で立っている幸子を見ながら思った。

ともあれ、こうして幸子が登校出来るようになってほんとによかった。お腹の調子がよくなると急に食欲が出たのであろう。幸子は瞼のあたりにまだかすかにやつれを残していた。

七月も半ばとなり一学期も終わりに近づいた頃のこと、幸子が夜、時々おしっこを洩らすという話を聞いた。寮係のAさんによると、雨の続く日は洗濯物がなかなか乾かないというのである。

そんなある日のこと、学校で幸子が私に言った。「きのうは、お母さんの所に泊まったよ。お姉ちゃんがおこるから」。私が「なぜおこられたの。どのお姉ちゃんが何と言っておこったの」と聞くと、幸子は急に口ごもってしまった。

後で上級の子達に確かめてみたが、彼女達は最年少の幸子に気をつかい、幸子が粗相をした時でもよく面倒を見ているという。それなのに、母親のところに泊りに行くという自分の行動を弁解するために「お姉ちゃん達がおこるから」との理由をつけたのであろう。子どもなりにまことしやかな言い訳をよくも考えついたものだと、私は半ば感心もしあきれもしたのであった。

20　燕

二学期が始まった。四十日間の夏休み中、中学をあわせて三人の子ども達は帰省したが、あとの子は寮で過ごした。寮に残った子ども達は相当退屈したようであった。

幸子は夏休み中は園内の母親のもとに居た。久しぶりの母親とべったりの毎日で恐らく彼女としては充ち足りた夏休みであったはずであった。幸子は四十日ぶりに私を見ると、懐かしそうに手をつなぎしなだれかかってきた。休み中に絵本を一冊買っておいたのでそれを渡すと大よろこびだった。始業式の日はあいにくの雨であったが、その中を二人一緒に並んで学校から帰る時、幸子があまりに私の方に寄り添って来るので傘のしぶきで私の袖が濡れた。私が少し離れて歩くと、またいつの間にか寄って来て白衣の袖が一層濡れるのであった。

五月に転入してきたとし子は帰省して故郷の家で過ごしていた。彼女は久しぶりに顔をあわせたというのに何となく浮かぬ顔をしていた。私が「家に帰ったから、お母さんがさぞ喜ばれたでしょう。しっかり甘えてきたのじゃないの」と言ってもただコックリするだけで、帰省前の明るさは見られなかった。とし子がここに転入した時の第一印象は、ほんとに感じのいい、明るい笑顔を持った女の子というものであったが、転入から日がたつにつれ次第にその素直さ、明るさが失われていったように思う。三カ月ぶりに帰った古里で彼女は何か淋しい思いをしたのではないだろうか。家族は優しく慈しんでくれたとしても、仲のよかった友達が素っ気ない態度で遊んでくれなかったのではないか。そんなことを考えると、私は悲しくなってきた。

二学期に入ってすぐに小中合同で夏休み中の作品の展示会をした。中学生はレース編みや工作の作品等を出品したが、小学生の方は図画が二、三枚と折紙や絵日記くらいで格別目をひくようなものはなかった。

九月に入って間もなく、朝急に冷えこんだ日があって、秋が早く来るのではないかという気がしたが、学校に行ってみると、悦子、幸子、とし子と、女の子達が皆風邪をひいていた。鼻水を垂らしていて、中でも悦子は気分も悪いようだった。夜中に布団からはみ出ても横に寝ていて布団を掛けてくれる者もいないのだと思うと、不憫であった。彼女達は鼻水をすすりながらも、その日はノースリーブの服装で登校していた。誰か一人がノースリーブの服を着ると、そこが子どもでみんな一様の服装にまとまってしまうのであろうか。

翌朝目を覚ますと、またも冷え冷えしていた。私はすぐ、あの子達の風邪の具合はどうだろうか、今日は袖のある服で来るかしら、昨日、一口注意しておけばよかったと思った。学校に行ったら案の定、三人ともまたノースリーブで来ていた。しかし、彼女達は私がこだわるほどには服装を気にかけておらず、鼻水をすすりながらも結構、他愛ないおしゃべりに興じていた。

学習の方は一学期かかってようやく各学年ともある程度のところまで築いたと思っていたのであったが、長い夏休みのあとは正常に戻すのに苦労した。殊に幸子は後戻りもいいところであった。

わずか五人の児童なのに三学年ともなればその指導の難しさに私はほとほと疲れた。各時間ごとにどの学年かに主力を注ぐとしても、自習している他の子ども達にも気配りをしていると、あと一息という大切なところでついつい時間切れとなることがよくあった。すると子ども達はもう根が続かず、続きはまた次の時間にということになるのである。また、私の力が他の学年の方に注がれていると残りの子らが感じている時は教室全体に何となく活気がなくなった。そのかね合いをどうするか、それが私の毎日の悩みであり苦労するところであった。あちこちに気を配る私の態度から、かえって彼らが落着かなくなるのではなかろうかと思ったこともあった。隆が「僕は自習をするから、構わんで幸子をみてやったら」と言いだすのも大抵そんな時だった。

私が恵楓園分校に赴任した日、主任の先生から「ここの子ども達はみんな病気の症状は軽いので、体さえよくなればいつでもまた社会の学校に復帰出来る。将来の進路は開かれている」と言われたが、その言葉は分校に在職中、私の脳裡を去らなかった。そうだ、たとえ中学はここに居るとしても、試験を受ければ岡山の邑久高校へ進学し、そこで四年間の高校生活を送ることになる（一般の高校では三年の勉学期間を、邑久高校ではさらに一年の余裕を持って修学することになっていた）。そして、さらに勉強したければ一般の大学へと進む道だって開かれている——私は主任の言葉をそのように受け止めた。現在はここに居ても「必ず全治する」と言われている病気の、この子達の将来を考えると、いつ社会に復帰しても堂々と歩けるだけの心構えと実力を育てておかねばならない。そうした考えが常に私の心の底にあって、毎日の授業だって決しておろそかには出来ないと考えていたのである。

社会からみれば、ほんの一握りにも充たないごく少数の子ども達かも知れないが、私にとっては片時も忘れることの出来ない彼らともっと楽しく生き生きと学習することが出来ないか、そのためにはどうすればいいか——それが私の最大のテーマであった。「ああ、今日は本当に楽しく学習出来た。更には学習だけに止まらず、こよなく楽しい一日であった」と、私も子ども達もそう思える日でありたい、と私は切に希った。

われと子らとひとつ心にしみじみと生ける喜び思う日はいつ

いや、そんな日がこの子らの上に必ず来て欲しいと、私の思いは常にそこに極まるのであった。

夏休みをずっと寮で過ごした信男が、九月になってからお父さんが故郷に帰ると言うので是非ついて帰りたいと言い出した。もう学校が始まっているので簡単には自分の思うようにならないことはわかっているが、古里のお母さんには会いたくて会いたくてたまらない——そういう意味のことを信男は何度も私に訴えた。分校では保護者の迎えがなければ帰省出来ないことになっていたので、信男としてはこの際何が何でもお父さんと一緒に帰りたかったのである。私は「お父さんからはまだ何も聞いていない。

お父さんからはっきり学校の方にお話がないので、何とも返事は出来ない。それに夏休み中ならともかく、もう学校が始まっていることだしね」と答えるしかなかった。

信男は授業中ぼんやりしているかと思うとひょいと席を立ったりするようになったが、それは恐らく、事が難かしくなると自分はこのまま置き去りにされるかも知れないとまで不安が高じてのことであろうと私には思われた。信男は転入以来満一年になるがまだ帰省していなかった。片時も忘れられない古里の母を、また幼い頃から慣れ親しんだ蒼い海を恋しがる彼の気持ちは私にも痛いほど伝わってくるのであった。

子どもらも私もそれぞれの思いの中にあけくれている時、ふっと何処からともなくほのかに木犀の香が漂う頃となった。自然はまことにさりげなくも優しく、傷つき易い人間の心を慰めてくれた。ああ、もうそんな季節になったのか、今年は何もかも少し早いようだと思いながら、私は懐かしい木犀の香りにしみじみと心癒される思いがするのであった。

いづこより匂ひ来るかとなつかしき木犀の香に心惹かるる
木犀の咲きて匂へばおのずから心やさしきあけくれとなる

そんなある朝、学校に行くと隆が机の中から綿にくるんだ燕の子を取り出して私に見せた。女の子達が道で拾ってきたのだそうだが、私は秋に燕の雛がいるなんて考えたこともなかった。幾日くらいたった雛であろうか、親はもう居なくなったのであろうか、しきりに口をあけて餌を欲しがっていた。隆は雛を綿にくるんで、その上をさらに乾いた雑巾に包んで教室の隅に置いた。授業中も子ども達はちょいちょい後を振り返りながら気にしていた。

この子らはかつて運動場に迷いこんだ子犬を寮のお父さんには内緒で学校の床の下に飼っていたことがあった。また、足を鎌で切られて傷ついた野兎に包帯を巻いてやり草を食べさせて一生懸命面倒を見たこともあった。私は、小動物に寄せる彼等の愛情がひいては人間がお互い同士許し合い、愛し合う心へと拡がってゆくように願いながら見守ってきたのであるが、親のない子燕を育てることは餌探しにかかる手間ひまを考えると全く至難の業ではないかと内心では思った。しかし、彼らは私のそんな不安など気にするふうもなく、ひまさえあれば叢に分け入って虫探しに没頭し、おかげで私までも彼らと一緒に叢をさ迷うこととなった。

その後、子燕は幸子が毎日教室に持って来るようになった。見ているとバッタを取って来てはその柔らかいところを切って食べさせている。燕は口をいっぱいにあけて餌を待つ。幸子は自分も燕と一緒に口をあけて、まるで人間の母親がやっと食い始めたわが子にものを食べさせているような雰囲気であった。

私は、幸子は自分を育ててくれた母親との関係を今自分と燕とのかかわりの中に思い起こし、重ね合わせているのではなかろうかと思った。自分中心、自分の事しか考えられないと思われた子ども達が一心に餌を探してきては食べさせている。私はこの微笑ましい姿をこよなく嬉しく思いながら、私も彼等に惜しみない愛情を注がねばならないと今更のように思うのであった。人に愛された者はまた人を愛することが出来るからである。

かくして児童寮の子ども達一同は子燕育てに一生懸命で、燕もまたおとなしく餌を待ち続けるのであった。

終りの鐘鳴れば競ひて叢に走りゆく子ら見つつ愛《かな》しも
幸うすき子らが親無き子燕を小さき胸に抱きてくるなり
朝な朝な燕を抱きて登校す幸子よ永久に優しくあれな

数日後のこと、私はその日はひと電車早く出勤した。門を過ぎて車庫の前まで行くと、早朝の人影もない職員室の前の庭に幸子が独り立っていた。空を見上げてまるで放心したような後姿に、近寄って「幸子ちゃん」と呼びかけると、幸子は振り返りざま「燕が逃げた。燕が逃げた」と言った。見ると、彼女の掌には餌のバッタが握りしめられていた。私の出勤を待ち構えていたように児童寮から他の子ども達も走り出てきて、「燕が逃げた。あんなに可愛がっていたのに」と口々に訴えた。私は彼らの話を聞くなり、よくぞここまで燕の面倒を見たものだと感心した。燕は逃げたのではなく、巣立ったのである。当初私が抱いた不安などはねのけて、子ども達は一つの生命を救い、遂にはそれを育て上げたのである。隆が綿にくるんだ子燕を学校に持ってきた日から数えて十二日目であった。

私は、燕の面倒を見てきた子ども達の真心に対しておしみない賞賛の言葉を贈った。彼らは私の言葉を聞くうちに、次第に自分達がやったことの素晴らしさと、生きようとする燕の生命力の逞しさ、命の尊さというものを感じとったようだった。「もし燕にものが言えたなら、きっとあなた達にありがとうとお礼を言ったでしょう。感謝して飛んで行ったと思うよ」と私は言って聞かせた。

子ども達は燕は自分達の手から逃げたのではなく立派に巣立ったのであり、それは生きるものの必然の姿であることを知った。そして、もしあの時自分達が燕を拾わなかったならば、猫にとられたかそのまま餓死していたかも知れないなどと口々に語るのであった。

しかし、宝物に去られた無念さはやはり拭いがたかったようで、今まで餌を与えられてきて自分で取ることを知らない燕が果たして餌をとることが出来るであろうか、つい二、三日前までは児童寮の前の電線に止まってもまたすぐ帰ってきていたのに……などと手塩にかけて育てた燕の門出を気づかって空を見上げる日がそれから数日続いた。

子燕の生命愛《いと》しみ育てたるわがいとし子よほこらしきかも
生きるものなべて生命の尊きを小さき胸に刻み生くべし

21　心安らぐ日々

初秋のよく晴れた日の午後のこと。私は四、六年生を自習させておいて、幸子をつれて学校の外に出た。理科、自然の観察の時間である。学校のすぐ隣のお寺の礼拝堂の庭を抜け、旧教の教会の前から新教の教会の前を通って行くと、園の東の果てには広い公園がある。その日の自然観察は二人でちょっとまわり道をして、その公園のあたりまで行くつもりであった。

そこは東公園または宮崎公園と呼ばれていて、園を退官後インドの救癩に心血を注ぎ、最後は痛ましくもニューデリー上空の航空機事故で亡くなられた宮崎松記先生ゆかりの公園であった。いつも手入れが行き届いていて、子ども達は憩いの場としてよく東公園に出かけていた。

二人きりで手をつないで歩くことは幸子にとっては誰に気がねなく私を独占出来るということで、大変上機嫌であった。そんな和んだ素直な心で歩いていると、かねがねは気づかなかった自然の移ろいゆく姿が子ども心にも感じとられるのか、道々幸子は何やら呟きながらあっちこっちを指さすのであった。

ついこの間まで赫く燃えるように咲いていた彼岸花はもう終わりに近づき、道の辺《べ》の叢の中で鳴く虫は私達の気配を察してかピタリと声を止めた。入所者の住まいの庭に子供の背丈ほどにも盛り上がって咲いていたオシロイバナはいつの間にかその根元に真っ黒いつぶらな実をこぼしていた。

ひと夏を生きし証の黒き実を触るればこぼす白粉花は

夕方ともなればあたかも息づくかのように匂い立って夏の宵を愉しませてくれたオシロイバナも、いつの間にか黒い実となって終わってしまうのかと思いながら佇んでいるうちに、私はフッとわが家の庭の西洋風蝶草のことを思い浮べた。やはりオシロイバナのように宵毎に、それこそ妖しいほどに美しくほんのりと紅を匂わせて咲く花であるが、誰かがその名を「花魁《おいらん》ばな」と教えてくれて以来、私はなぜかその花に妙にこだわり続けたのである。

花魁——それは私の中ではまだ幼かった日にゆくりなくも垣間見た不思議な光景、夜のお座敷に髪を結い、きれいに着飾ってズラリと並んだ女達の姿と重なっていた。幼き日に目にした不思議な、何とも妖しげな幻影が、それから数十年を過ぎても、俗名「花魁ばな」に出会うたびに私の中で甦るのであった。

花魁花はたった一宵の華やぎで、朝にはもうすっかり色を失って見るかげもない。一宵毎に花は咲き変わり、花が終わればその後は小さい種が詰まった四、五センチほどの線状の莢となる。その莢は茎のまわりに下から次々にピンピンと横に張り出して、あたかも花魁が髪に挿す粋な笄《こうがい》を彷彿させるのである。

このように花のさかりも種となってからも妙に華やかで、名のとおりに花街の女を連想させて、私はその花の咲く夏の間中、心惹かれ続けたのである。風蝶草という和名も優しくてほんとにいいと思うけれども、私は誰からともなく聞いた「花魁ばな」という俗名の方がこの花の本質をいい当てているような気がした。

幸子はさきほどからスカートの裾を少し拡げて、その中にオシロイバナの黒い実を拾い入れていた。オシロイバナと花魁ばな、ともに暑い一夏を精いっぱいに生き、その生きた証を私達に示しながら音もなく大地に還ってゆく。その充実した一生。私は、「もうこれでいいよ、ずいぶん長いこと咲いたからね。ここらでもうゆっくりお休み」と労りのことばを囁かずにはいられない。そして今更のように、この一夏を私は一体何をなしたのであろうかと、ついつい無為に過ごした日々を悔いたりもするのであった。

ふと気がつけば、オシロイバナの種を拾っていると思っていた幸子が、今度はバッタを捕らえたと私を呼んでいた。私はつい独りの思いにふけりすぎてしまったようである。

二人で歩く公園への道すがら、エノコログサはふらりふらりと揺れ、チカラシバは紫がかった茶色の穂を伸ばし、オオバコは踏まれても踏まれてもがっちりと大地に根を張っていた。これらの花もやがては種を道の辺に落として逞しく生き続けるであろう。いつもは気にも留めない草花も、よく見ると地味ではあるがそれなりに愛らしい花をつけ、愛らしい実を結ぼうとしていた。

幸子と私は路傍の草花たちの飾らない自然の生きざまを話題にしながら、立ち止まっては眺め、道をそれては花を摘んだりしながら公園まで歩いていった。池のほとりに並んで腰をおろすと、快い初秋の風が池の面を渡り、晴れた午後の空には刷毛ではいたような薄い雲が拡がっていた。

隆がこのところ目に見えて自覚して上級生らしい態度をとるようになった。子ども達を信頼し、認めてやることが彼らをいかに誇らかにし、自信を持たせることか。それはひいては彼らの可能性を伸ばし心豊かな人間へと成長させるのではないかと、私はつくづく思うようになった。彼らのごく身近にいる私に信頼され愛されていると思うとき、子ども達は心安らぎ発奮するのではないかと思うである。

そんな思いで、私が子ども達につきっきりで学習出来ない時や出張の時などには彼らを信頼しその自主性を重んじて、最後に「後は頼んだよ」と上級生の隆にひと言つけ加えると、彼はいかにも満足そうに頷くのである。そして子ども達は結構それぞれに自重し、私が予期した以上の成果をあげて、翌日は実に晴々とした顔で私を迎えてくれる。彼らは、どんな些細なことでも認められ信頼されたと実感できることは何よりも嬉しいのである。

教師が狭い心であれば叱り咎めることばかりが多くなり、焦ったり急ぎすぎたりすればかえって子ども達と心が離れていくように思う。親子の間柄においても、慈しみ育てた我が子がたとえ非行に走って周囲から白眼視されたとしても、まず一番身近にいる親が我が子を信じ守ってやれなくて誰が我が子を信頼してくれるかと私は思うのである。

十月に入ってから子ども達は小学生も中学生も全員が非常に明るく和やかで意欲的であった。私は、彼らは今きっと揃って体調が好いのであろうと思った。少人数でいつも一緒に暮らしていれば、誰かが病気で部屋に寝ていたり、自分の体調に不安があったりする時は、誰しも晴れやかな気分にはなれないものである。子どもは特に周囲の雰囲気に影響されやすい。児童寮全体の雰囲気が明るければ私達三人の教師の気持ちまでも晴々として楽しくなってくるのであった。

十月半ばのある朝、学校に行くと、中学の女生徒全員が小学校の教室に来ていた。黒板の溝の白墨の粉を拭き取ったり、床を拭いたり、教具類をひっぱり出して片づけたりと、私の教室の教室経営(?)をやってくれていた。

私はかつて彼女達のこんな態度を見たことがなかった。それにみんなが実にいそいそとやっているのにも驚いた。そこで私は彼女達の誠意を買って、その自主的な行為に任せようと思った。私は私としての思惑もあったけれども、折角の好意だからと思って礼を言いながら黙って見ていた。ここの子ども達が他の学級のことにまでおせっかいをしてくれるなんてほんとうに珍しいことなのである。私はここ数日、子ども達全員が非常に明るく生き生きとしているような感じを受けていたのであるが、それがこんな善意の行為として表れたのだと思うと嬉しかった。

それにしても何が彼女達をこんな殊勝な行動へとかり立てたのだろうか。人間誰しも悲しみや苦しみの真っ只中に在る時は他人に気を配る余裕などないのが普通だ。ましてや年齢的にも心の揺れ止まぬ不安定な時期にさしかかっている子ども達のことである。彼女達は今大変心が安らいでいるのだろうと私は思った。

そのうちに、はじめは傍観していた小学生も中学生に引き込まれるようにして手伝いはじめたのであるが、中学生達は始業前に出来なかった続きは休憩の時間に来て本棚を並べ変えたり、野の花を摘んで花瓶に挿したりと、一日中続けたのであった。

最後に私が教室を覗いたら、教室の後の板かべに釘が打たれていて画板を掛けられるようにしてあった。私は、これはちょっと問題だなと思った。釘の先がこれだけ出ていると、子供達がそこで戯れ合ったりすると衣服をひっかけたり怪我をするかも知れない。そんな懸念があったから私は今まで画板を教室の隅の方に立てかけて置いていたのであるが、彼女達はそれが気になったのだろう。しかし、私は即座に釘を抜くに忍びなかったので、いったんはそのままにしておくが早急に彼女達に事情を説明して納得させた上で釘を抜こうと思った。

主任の立田先生も教室の変わりようには驚かれた様子だった。小さな学校ではあったがこんな心のふれ合いこそ私達教師が求めていたものであり、こうしてその日は生徒にとっても教師にとっても心充ちた一日となったのであった。

さて、翌日は写生大会。よく晴れた絶好の写生日和であった。小中全員を職員室の前に集めた。小学生には画例を示して、なるだけ動きのあるものを思い切って画面いっぱいに描くようにと指示を与えた。みんな思い思いの場所に散り、午後までかかって力作が出来た。すがすがしい秋空の下、心せかれることなく自由な気持ちで描いたことが彼らの絵をどれも個性的なものにしたと思った。

翌日は写生大会の結果の発表の日。昨年の写生大会では立田先生が子ども達が喜ぶようにと新聞社に行って賞品をもらって来られ、絵にはあまり自信のない隆が入選してバックルをもらって大いに喜んだものだった。さて、今年はいずれも力作ぞろいだからどうしたらいいかと、私達は三人で話し合った。

夕方近くになると、少女寮で子ども達がバタバタと音を立てて走り回り、にぎやかに笑い合う声が道越しに職員室にまで聞こえてきた。どんな面白いことがあって騒いでいるのであろうか。

少女寮より子らのはしゃげる声すればほのぼのとわが心なごむも

22　古里の海

午後の授業を五時間目で終わった日のことであった。悦子達はさっさと帰ってしまい、隆はどこに行ったのか。ひとり教室に残っていた信男が私に話しかけてきた。

古里の海の話であった。たこやいか、鰹釣りの話、真っ蒼に澄んだ海中に潜って狙いを定めて魚をつき刺して捕る話など、瞳を輝やかせてまるで別人のような明るさで信男は語り続けた。何かの拍子で故郷の海を思い出したのか、海のことを思えばもうそれを人に語らずにはおれない衝動にかられるらしい。信男にとって海はまさに心の古里であり、何物にも替え難い大事な宝であり、彼の誇りでもあるかのように私には思われた。

私は彼の話を聞きながら、蒼い海をひらひらと泳ぎ回る魚を必至に追いかける、張りつめた表情の若者の姿を心に描いてみた。若者は充実感と解放感に魂を歓喜させながら、逞しくも伸びやかな姿態で、まるで一匹の魚のように自在に海を泳ぎ回るのである。するとその幻像はいつのまにかひとりでに拡大されて、あたかも目の前にいる信男の数年後の成長した姿となって膨んでいくのであった。

つい一月前のことであった。学期中にもかかわらず病院と学校から特別の許可を受けて万感の思いを抱いて父親と一緒に古里に帰ったはずの信男が、日ならずしてひょっこりと帰ってきたのであった。あいにくの暴風雨で船が欠航したので引き返さざるを得なくなったというのだった。しかし、余りにも早く帰って来たので私が重ねてその理由を尋ねてみると、信男は「お父さんと二人で旅館に二泊したのでお金が無くなったから帰ってきた」と事の次第を淡々と語った。私は信男のことがなおさら気の毒でもあり哀れにも思え、天はこの親子にもう少し情をかけてくれてもよかったろうにと思ったのであるが、彼が帰って来た翌日、空がまるで嘘のようにカラリと晴れ上がるに至っては、いよいよ声を上げて泣きたいほどの悔しい思いにかられた。

先にもふれたが、信男は園に来る前は家庭の事情で学校を一年のうち百五十日も事故欠していた。彼が育った環境は子どもとしては決して恵まれたものではなかったろうが、そういう彼の幼い魂を慰め安らがせたものが海だったのではなかろうか。私は信男が語りかけた言葉から、この目で見たこともない彼の故郷の海に思いを馳せてみた。そして、その豊かな懐に抱かれて何の憂うることも無く嬉々として戯れたであろう、かつての幼き日の彼の姿をもまた思い見た。

信男が生まれながらにして目にした海。それは朝には滑らかな水面に朝日が輝き船出する男達に一日の希望と活力とを与え、夕には赫赫と燃えながら波の彼方に落ちる日が一日の労働の充実感と安らぎをもたらしてくれる海。また、月の夜には潮やけした逞しい男達にもそぞろに優しさと人恋しさをかきたてたであろう海。さらには、幾千幾万種とも知れぬ生き物達をその底知れぬ豊かな懐に包みこんで太古の昔から育み続けてきた海。

しかし、海はいつも慈愛に充ちた貌ばかりを我々に向けるとは限らない。いったん暴風雨ともなれば怒り狂って牙をむき、人間の持つ奢りも甘えもすべてを冷酷なまでに拒絶して命や船までも容赦なく深い海底に呑みこんでしまう。その狂乱の間は人間はただただ息をひそめて一刻も早い天候の回復を祈り待つより他はない。

山、川、空、砂漠、そして私達の大部分がそこで暮らす極く極く身近なる平野をも含めて、人間をとりまく大自然のすべては四季折々の豊かな表情を見せる一方では、その時々、あるいは刻一刻と容赦なく変貌する厳しさを孕む。私達はそのことを知れば知るほど大自然の不思議な力に畏怖の念を抱かずにはいられないはずである。

父親と二人、帰省の途についた信男が荒天の海を前に園に引き返し、何の恨みがましいことも言わなかったのを私ははじめ何とも不憫に思ったのだったが、生まれながらにして海と共に育った彼は子供ながらに海の厳しさを身をもってちゃんと知っていたのであろう。離島に生をうけ先祖代々そこに住む人達は、海が荒れる日には潔く漁を諦めて海の神に恭順の意を表し、ひたすら波の静まるのを待った。諦めともとれたあの日の信男の淡々たる態度には、それが父親の意に従ったものだとはいえ、いたずらに未練がましく残念がった私などよりはるかに大人《たいじん》の風があったといえるだろう。

ともあれ、信男が近き将来、故郷の島に帰ることが出来たら、こよなく海を愛し、海の心を心とした立派な逞しい漁夫になることだろう。私は、一日も早くその日が来ることを祈らずにはいられなかった。その日こそはとりもなおさず、私が心に描いた幻影が現実のものとなる日でもあったのである。

放課後、寮係のAさんに用事があって少女寮に行ってみると、Aさんも他の女の子達も居なくて幸子が一人で人形をいっぱい拡げて遊んでいた。こんなところを見ると実に幼い。学校にいる時はいくらか児童らしく見えるものの、人形相手に独り言を語りかけながら遊んでいる姿はほんの四、五歳にしか見えなかった。

彼女は先頃、頭皮の電気治療を受けて抜けていた髪が漸く生えてきて私はほっとしていたのであるが、このところまた抜けかかっていた。私は、山登りであと一息で頂上というところまで登りつめていながら一気に滑り落ちた時のような情けない思いがした。そして心痛めながら幸子を見ていたのは私達大人ばかりではなかったようで、ある日の授業中に隆が後の席からひょいと「幸ちゃんはまた髪が抜けてしまいよるねえ」と口走り、その心ない言葉に幸子がさっと顔を曇らせたことがあった。

幸子がはじめ脱毛した時、病院からは病気とは関係ないと言われたので、私は入学して環境が変ったことでストレスによってそうなったのかと心配したが、その後、治療の効果があってやっと生えてきてほっとしていたところにまた抜け始めたのである。

幸子ははじめの脱毛の頃から、図画の時間には必ずといっていいほど画用紙いっぱいに艶やかな黒髪をもつ美しいお姫様の絵を描くようになった。彼女はお姫様の髪を心をこめてクレヨンで塗り、かの楊貴妃も挿したという歩くとゆらゆらと揺れる金の簪や美しい花をあしらった簪でその髪を飾り立てた。そのお姫様の、漆黒の匂うばかりの豊かな髪こそが彼女の悲願なのであった。

髪の抜けし幸子が願いこめて描く画用紙いっぱいの黒髪の姫

幸子は人形の黒髪を慈しむように何度も何度も撫でながら無心に遊んでいた。

23　お国のお世話に

いつのまにか園内に菊の香が漂いはじめた。恵楓園恒例の菊花展が近づくにつれ、私が通勤に利用する電車の中は色とりどりの菊の切り花を携えて御代志の駅から乗車する看護婦さん達で華やいだ雰囲気が醸し出されるようになった。

この菊の一番美しい頃を選んで分校では年中行事の指導訪問を受けることになっていた。当日は菊池地方出張所の先生方全員をはじめ、町の教育長、教育委員、小、中学校の校長と大勢の方々が来訪されるので、私達教師はその準備に追われるようになった。

そんな日のある放課後のこと、用事があって児童寮まで行ったら、庭の芝生の上に新聞紙を敷いて幸子、とし子、悦子の三人がのどかにままごと遊びをしていた。私はその横を通りしなにちょっと新聞紙のお座敷に上がって少し改まった挨拶をした。「お隣まで来ましたのでちょっと御挨拶していこうとお伺いしました。今日は沢山御馳走が出来ているようですが、何事かあるのですか」。意表をつかれて彼女達は慌てて坐り直し、それぞれ何やらブツブツ言いながら私に挨拶を返した。私はすぐに立って児童寮で用事を済ました。帰りにまた彼女達の横を通ると、「先生、御馳走が出来ていますからどうぞ食べて行って下さい」という声が掛かったが、私は今度は「またね」と受け流して職員室に戻った。

しばらくして職員室の玄関に来て幸子が私に声をかけた。「先生、バナナがあるのでぜひ来て下さい」。私達は学校訪問のための教案提出の準備の最中だったので主任の立田先生が「先生達は忙しいからきょうは行かれない」と断わられたが、そんな事情がわかろうはずもない幸子は「ちょっと、ちょっとでいいからおいで」としきりに誘った。

私が「あしたなら行けるけれど、今は仕事が残っているから駄目よ」と答えても、幸子は「バナナがくさるから今おいでよ。まぜごはんも出来ているから」と食いさがって玄関を離れない。とうとう立田先生が「今日は駄目!!」ときっぱり断われると、取りつく島もないと思ったのか叱られたと思ったのか、幸子は玄関から離れた。私は、あの子はきっとお姉ちゃん達の使いで案内に来ていたのだろうと思いながら、椅子から腰を浮かして振り返ると、俯き加減に児童寮の門に入るところだった。

こんな結末になったのも、元はといえば私のとった行動からであった。子ども達の遊びなど無視して通り過ぎていれば何事も起こらなかったのに、急ぎの仕事を抱えていながら彼女達の遊びに首をつっ込んだりしたものだから……。でも、あの時はやっぱり私は楽しそうな彼女達を無視しては通れなかったもの……。三人で黙って仕事を続けながらも、私は自分の中で押問答を繰り返していた。

十分くらい仕事を続けたであろうか、私は「ちょっと五分ばかりあの子達のところに行って来ます」と言い残して職員室を出た。後ろを見ると、きっぱり断わられたはずの立田先生もついて来られた。

あきらめていたお客様の来訪ということで三人は俄然張り切って、いろいろの御馳走を並べて私たちをもてなしてくれた。適切な挨拶の言葉などあまり知らないかと思っていたが、素晴らしい挨拶をしたのには驚いた。まず悦子が「お忙しいのにおいで下さってほんとうにありがとうございました」と口上を述べると、とし子が「今日はまぜごはんを作りましたので、どうぞ遠慮しないで沢山召し上がって下さい」と続けた。献立は色とりどりの小菊の花びらをとりまぜたまぜごはんを中心に、砂をまぶした黄粉の団子、デザートには黄色味を帯びた木の葉を捻ったバナナが皿に盛り立ててあり、その他にもいろいろの御馳走が並んでいた。

頃合を見て、私が「ほんとうに御馳走になりました。大変おいしくいただきました。今日はまだ仕事が残っていますからこれで失礼いたします」と言うと、今まで嬉しそうにただニコニコしているだけだった幸子が「ちょっと待って下さい。町までおみやげを買いに出ていますから。もうすぐ帰ります」と引きとめた。とし子は「子供達へのおみやげにまぜごはんをもって帰って下さい」と、新聞紙にみやげまで包んでくれた。悦子はいつのまに作ったのか、可愛い花束を私に持たせた。帰ろうとして後ろを振りむくと私達二人の履物はきちんと揃えて向け変えてあり、三人は申し合せたように自然に立ち上って私達を児童寮の門の所まで見送ってくれた。

彼女達の接待振りは大人も顔まけなくらいに完璧なものだった。私は職員室に一人残っておられた脇坂先生に、「お客様ごっこに行って大変な勉強をしてきました」と報告した。我が子ながら天晴という言葉があるが、その時の私の心境そのものであった。

家庭で生活している子ども達に比べてきちんとした訪問をしたり来客を接待したりする機会があまり

ないだろうという思い込みがあって、私はこの「お客様ごっこ」ではことさらに丁寧な言葉と態度とを演じたのであったが、彼女達は見事にホスト役を演じてくれた。それがたとえ「ごっこ」とはいえ、何よりも私を驚かし喜ばせたのは、彼女達がみせた来客に対しての心憎いばかりの気配りと気転であった。言葉も丁寧な標準語で、動作もごくごく自然なものだった。

たかが子どものままごと遊びではないかと人は言うかも知れないが、彼女達の遊びには確かに心があった。どうかすると拗ねたりもして幼さをみせる彼女達ではあるが、遊びの中ではかねて教室では見せたことのない別の貌をさりげなく見せてくれたのである。

思いもかけないハプニングのために一電車三十分遅れで帰る破目になったが、私は、忙しい中で子ども達と遊んだことは決して無駄ではなかった、行ってよかったと思いながら、夕暮近い電車に揺られていた。

＊

私は今でもお客様を迎えるのが大好きである。訪問するよりはむしろ迎える方が好きで、お客様を接待する日は張り切って台所に立つ。そしてお客様に「今日はほんとに楽しかった。また来訪したい」と喜んでもらえると、私は最高に嬉しくなってくる。お客様が去られ、一人になってお皿を一枚一枚ていねいに洗いながら、私はその日の余韻をしみじみと愉しむ。そしてついには何だか大変よい事をしたような気持ちになるのである。

来客を楽しませるにはこちらに真心がなければならない。いろいろの細かい心遣いはとりもなおさずその表われに他ならないし、真心は相手に必ず伝わるものだ。こう考えると、彼女達はあの時、子どもなりに現在の私の思いを地でいったという感がある。あれからかれこれ三十年がたつが、彼女達は今は「ごっこ」でなく、実際の生活の場であの時の気持ちと行動とを生かしているであろうか。

菊の花も終わり、十二月に入って間もない頃、隆のお母さんが来園された。隆の入園以来お母さんの来訪ははじめてであった。先頃のお父さんの来訪の時は隆はお父さんと一緒に旅館に一泊した。久々に父子連れ立って街に出る後ろ姿を私は職員室の前から見送ったのであるが、その後隆はお父さんが帰れてからも心が和んでいるように思われた。私は肉親の愛情の深さを今更のように思わずにはいられなかった。

昨年の秋だったか朝の登校時、隆が私の後を追いかけて走って来て、息を弾ませながら「今度お母さんが来るよ」と桜並木の下で嬉しそうに告げたことがあった。しかし、その時はお母さんがぎりぎりのところで来られなくなり、隆のしょげようは傍目にも気の毒なくらいだった。そのお母さんに今度は会えるのである。彼の胸中を思うと、私も胸が弾んだ。

隆がここに入所する時はお父さんに連れられて来た。その後お姉さんが来られたこともあったし、お父さんは何度も来られた。二人から詳しくこちらの様子は聞けたにしても、母親としてやはり自分の目で我が子の様子を確かめたかったに違いないと、私は遠路はるばる来られるお母さんの心境を思いやった。隆のお母さんは夕方熊本に着き、一刻も早く会いたくてそのまま菊池に直行して、夜は寮係のAさんの家に一泊されたのであった。

翌朝、私ははじめて隆のお母さんに会ったが、もの静かで上品な方だった。私を見るなりはらはらと涙を流され、「あの子の元気そうな姿を見て一安心しました」と言われた。隆と別れられてやがて二年になろうとしていた。思っていたより以上に心も体も成長して落ち着いてきたことを喜び、何度もお礼を言われるのであった。

片時も忘れることのなかった我が子を目の前にして感無量であったろう母親に対して、隆は〝お母さん、僕はしっかり養生をして、すっかりよくなるまでここに居るよ。僕のことについては何も心配せんでもいいよ。病院ではしっかり治療をしてもらっているし、学校も楽しく、寮でもちゃんと食べるものも食べているし、よく面倒も見てもらっている。何も不自由していないから、ちっとも心配いらないよ。それよりもお母さんが病気せんようにして元気で待っていてね〟と言ったそうで、「かえって私を励ますのです」と言いながらお母さんは涙を拭われた。私は言葉もなく聞いていた。

そこでお母さんは顔を上げて、まともに私を見ながら続けられた。「そこまではよかったのです。ところがあの子は、〝ちょっとでよくなって帰れるかと思ったのに、二年近くにもなるけれどなかなか帰れそうにない。この分では僕もお国のお世話になりっぱなしで悪いなあ〟と言うのです。それで、〝何言ってるの。そんなこと今考えることじゃないでしょう。今はただ一生懸命に治療して早くよくなって、よくなりさえしたら社会に出て働くことでちゃんとお返しできるじゃないの。今はそんなこと気にせずに治療して、学校の生徒らしく過ごせばいいのです〟と言い聞かせました」と言われた。

私は「お母さん、よくぞ言って下さいました。全くお母さんのおっしゃる通りです。実に立派なことを言って下さいました。ほんとにありがとうございました。私からもよく言って聞かせます。ほんとうにそうですよ、お母さん。全くそうです。でも、そんなことを言ったのですか、あの子は……」と話を継いだものの、思いもかけぬ隆の言葉を聞いて少なからぬ衝撃を受けた。お国のお世話になる……お国のお世話になりっぱなしになる……あの子は本気でそんなことを思っているのだろうかと、私は思い惑いながら、予期せぬ谷に不意に落ちたような切ない思いにかられた。

お母さんは午後からは一人で熊本見物に行かれたと聞いて、私は隆も一緒にやればよかったと思った。隆にそう言うと、「なに、そんなにお母さんについて行かなくてもいい。僕はもう何でも一人でやれるし、授業があるんだから」と言った。前年、お母さんの来訪が駄目になった時のしょげかえりようを思えば片時も一緒に居たいのが本音だろうにと私は思ったが、そこはやはり男の子なのだろう、いざ会ってみると何気ない風をよそおっているのである。

隆のお母さんは熊本に三泊して帰って行かれた。私達は職員三人と寮係のAさんと隆とで職員室の前で見送った。後ろ姿が見えなくなると、隆は「しかし、お母さんは僕が来る時よりもたしかに年とったなあ」と誰にともなくポツンと呟いた。彼の声の調子にはいつになくしんみりとしたものがあった。二年振りに会った母に対しての子としての率直な印象が、彼としてはやや背のびしたともとれる言動として表われたのであろうと、私はその言葉を聞くに及んで独りそう思った。

24　立場が替わったら

私が恵楓園内の分校に通うようになって、嬉しかったのは園内の四季折々の自然の風情に触れられるようになったことであった。それらの素晴らしさに触れる時、長いブランクをおいた教職復帰で子ども達の指導のむずかしさに逢着することたびたびであった私は心の底から慰められた。早春はまず沈丁花の香から始まって、雪柳、連翹、そして並木道の万朶の桜。晩春には東公園の呆けたツバナが眩しいばかりにきらめいた。初夏には水辺の花菖蒲の目もさめるばかりの紫の花、夏の盛りにはひっそりとした真昼の庭の木の梢にノウゼンカズラの朱の花がゆらゆらともの憂げに揺らめいた。いつのまにかあちこちから匂い来る木犀の香に秋の訪れを知り、やがて園内は菊一色に彩られる。そして訪れる冬。厳寒の中にいち早く沈丁花は幼い蕾を育み、ほのかに春への憧れを誘う。

考えてみれば私が物心ついてこのかた、桜の花の咲かなかった春はなく、菊の香の漂わなかった秋も一度としてなかった。このように自然は実にまっとうに人間を欺くことなく一様に恵みを与えてくれ、この園内とても例外ではなく四季折々に情趣豊かに私達の心を和ませてくれているのであった。

私が分校に赴任した昭和三十七年には六年生が三人と二年生が一人だったが、六年生が卒業すると三十八年度は二度目の二年生をすることになった悦子一人になった。悦子との二人だけの授業は約一年続いたが、年度末には隆が転入し、三十九年度には信男も加わった。そして幸子が一年生として入学してきた四十年度には五月にとし子も転入して、一年生一人、四年生三人、六年生一人の計五人の子ども達との毎日となっていた。社会の学校に比べると児童の数は少ないものの、それまでまったく経験したことのない三学年にわたる学習の指導に私は毎日悩んだが、子どもたちは元気に登校し、それぞれの個性を私の前に遺憾なく発揮するのだった。

私はその頃になると、やっぱりこの分校に来てよかった、と強く思うようになった。

親もとを離れて暮らしている子ども達にとっては私が一番身近にいる大人だという思いがあった。私がどう思われているかはわからなかったが、少なくとも私の中には彼らがデンと座を占めて動かなかった。かといって、私が子ども達のために何かをしてやったということもない。彼らが学習するのをみてやったり、じゃれあったり、時には叱ったり、また、彼らが楽しそうにしているのを見れば嬉しくなり、悲しそうにしていれば何があったのだろうかと心配になり、といったくらいのことで、教師らしいことはとりたててしていなかった。それなのに私は彼らのことで頭がいっぱいになっていたのである。

学校訪問が終った翌日、私は学校から直接家には帰らないで熊本市内に出た。その頃私の二人の娘達は熊本市内の大学と高校に在学中で、交通の不便な田舎の我が家を出て二人で下宿していたのである。私はその夜娘達のところに泊って、翌朝は菊池行きの電車で学校に出勤した。

藤崎宮駅で電車を待っていると、ちょうど教育事務所の所長さんと一緒になった。学校訪問をうけたばかりであったのでお礼を述べた。所長さんは電車の中でも講評の続きのようなことをいろいろ話して下さった。私もかねがね抱いていた疑問や悩みなどを話して、はからずも講評の席では聞けなかったことや懇切な教えを受けて、御代志の駅で下りるまでの時間を有意義に過ごすことが出来たのであった。

一般社会からは忘れられたような分校で、ごく少人数の子どもと教師達がそれぞれに深い想いを抱きながら毎日を過ごしていることを今度の学校訪問によってある程度は分かってもらえたことが所長さんのお話の中にうかがえて、私は大変嬉しく思った。

そんなある日の放課後のこと。悦子、とし子、信男、幸子の四人が私と一緒に帰ろうと、廊下を出たところで待っていた。四人ともお揃いの手提げをさげていた。隆は先に帰ったのか、そこにはいなかった。桜並木にさしかかったところで、だれかが草蔭に坐っている一匹の三毛猫を見つけた。それはまだ子猫で、好奇の目で子ども達を見つめ、いまにもじゃれついてきそうな様子であった。私はその馴れ馴れしいしぐさと美しい毛並から、子猫はきっと誰かに可愛がられているのだろうと思った。

子ども達は子猫を見るなり一様に声をあげて近寄り、まず幸子が頭を撫で、みんながそれに続いた。そして幸子が抱き上げようとした時にどこからか声がして、猫は呼ばれた声の方に走っていった。

帰りかかって悦子が「あーあ、猫に生まれた方がよっぽどよかったなあ。人には可愛がられるし」と誰にともなく言うと、信男が間髪を入れず、「猫もいかんばい。やっと魚をくわえてもゴツンと頭をどやされる」とゼスチュアを混じえて言ったので、当の悦子はつい失笑した。やや間をおいて信男が「でも勉強はせんでよかけん、それだけはよか」とつけ加えてその場の猫談義は収まったかにみえた。

ところが桜並木のなかほどまで来た時、とし子が突然立ち止まった。そして私をじっと見つめてこう言ったのである。「先生、これはもしもよ。もし先生と私達とが今と反対の立場になった時、勉強しなさいと言われて、先生はほんとうに勉強する気になるね」。彼女の言葉には、教師と生徒の立場という以上の意味が込められているのは明らかだった。私は少し間をおいてから、「今の話は、私とあなた達との立場がもし入れ替わったとしたら、その時に私がどんなことを考え、また、はたしてしっかり勉強しようという気になるかどうかってことね」と問い返した。

社会の学校の子ども達に比べると、恵楓園の子らの学習意欲は劣っていた。それは無理もないことだろう。子ども達をめぐる彼我の環境の違いもさることながら、彼ら自身の心の在り方、毎日をどんな思いで過ごしているかが大きく作用しているはずだったから……。私は歩きながら、この子ども達になんとか希望を持たせたい、将来に明るい希望があったらこんなことも言い出しはしないのだから、と考えた。

「立場が替わろうと替わるまいと、そんなことは全然関係ないと思うよ。勉強したりいろいろなことを考えたりできるのは人間だけでしょう？　猫や犬にはそんなことはできないし、あれたちは可愛いかもしれないけど、それだけでおしまい。他には何もない。せっかく人間に生まれて、昔ならともかく今の社会に生きていて勉強も何もせずに犬や猫のようにしていたらどうなると思う？　字も読めなければ書けもしない。物を買っても計算できなければおつりがいくらになるかも分からないでしょう？　また、勉強するということはそれだけのことではないよ。いろいろ勉強すれば、それを土台にしてよいことや悪いことの判断も出来るようになるし、さらにもっといろいろ考えることも出来るようになる。私は、勉強して損したと思うようなことは絶対にないと思うよ」

私はまず、猫の話を少し整理して、次に病気の問題に入っていった。

「あなた達は今はここに来ているが、子どものあなた達は病気の程度は軽いのだから、今のうちにしっかり治療すればきっとよくなるとお医者さんは言っておられるでしょう？　よくなりさえすれば社会の学校にも行けるし、社会で働くことだってできる。仮にすぐにはよくならなくても、邑久の高校には行きたいでしょう？　高校を出て、大学に行った先輩だっているじゃないの。高校に行く時になって、あわてて勉強しても間に合わないでしょう？　ほら、このあいだテレビで、交通事故に遭って両手を失った男の人が腕に義手をつけて字を書いているのを見たでしょう？　あの人は、もっと勉強したいと言っていたじゃないの。勉強はどんな時にも必要なのよ。これは誰のためでもない、自分が損しないためにも必要なのよ。先生はこの年になってもまだまだ知りたいことがいっぱいで、もっと勉強したい。どっちかというと、今のように先生をしているより、もう一度生徒になって思うぞんぶん勉強してみたいと、この頃しきりに思うのよ。でも、それは今となっては許されない。それでも先生はお婆ちゃんになってもまだまだ勉強はしたいと思っているのだけど、どう、私の考えはおかしいかな？」

私は、どう話したら彼らが納得してくれるかと考えながら、少女寮までの間を歩きながら話し続けた。

職員室に戻ると誰もいなかった。私は椅子に腰かけて、たった今自分が話したことを反芻しながら、果たして答えになったろうかと独りの思いにふけった。

25　敬愛園との交流

恵楓園の患者会の主催で鹿児島県鹿屋の星塚敬愛園との間で交流旅行が行われることになり、分校の子ども達も一緒に行くことになった。学校主催の旅行ではないしバスの人員の制限もあるので参加生徒は十二名、付添いとしての同行は寮係と学校での世話係、中学、小学の教師一名ずつに絞られた。幸子は低学年で無理だろうということで学校に残された。

十一月十一日、園のバスで午前八時に恵楓園を出発し、午後六時前に敬愛園に到着した。

翌朝、私達は園長先生の案内で全園を見て回った。敬愛園の敷地は恵楓園に比べて起伏が多いという印象をうけた。もう遠い日の出来事で記憶は薄れたけれども、ちょうど熊本の立田山自然公園に似た感じだった。病院、病棟と見て回ったが、殊に不自由者の病棟で部屋毎に声をかけられる園長先生に見えない目を見開きながらいざり寄ってこられた入所者の姿には私は胸迫るものをおぼえた。

入所者の住宅は病棟から少し離れた所に設置されていたが、ある方のお宅を訪ねたら縁側の日当たりに子猫が三匹じゃれ合っていた。飼主である女の人は園長先生に向かって、「誰が捨てたのか、小雨がショボショボ降る夕方に一匹が叢でニャーニャー鳴いていたので、可哀相に思って拾ったらあとの二匹もここいらをウロウロするようになりました。これらはきっと兄弟なのでしょう。誰かがここまで捨てに来たに違いありません。拾った時は三匹とも骨と皮でした」と言いながら、縁側に坐って子猫の頭を代わる代わる撫でられた。園長先生はただ一言、「そらまた、えらーいほとけごころじゃなあ」と言われたが、私はその場面が今でも脳裡に残っている。

滞在中、私達は恵楓園とはまた一味《ひとあじ》違った敬愛園の雰囲気というものに接した。何といっても情が細かく、何かにつけて心がこもっているのである。園長先生自ら私達の宿舎まで出むいて歓待して下さり、女の職員の方達は毎日交替で食事の用意をして下さった。私は、立場が替わって私達が迎えることになった時に、これほどの心が尽くせるだろうかと思った。

人に心を尽くすということがいかに相手を感動させ、心和ませるものであるかということを私はつくづく思い知らされた。それは決して旅の感傷というものではなかったと思う。五泊六日の旅は忘れえぬいろいろの思い出を残して終った。

鹿屋から帰っての一番の変化は、子ども達に目に見えて明るさが感じられるようになったことであった。実際のところ、鹿屋の分校の子ども達は明るかった。教師と子ども達との間も実に親密だった。かねて自由に外に出て変った刺激を経験する機会の少ないわが園の子ども達にとって、同じ年代の仲間との交流がいかに貴重な体験であり、また有意義なものであるかということを私達は思い知らされた。

さて、その年度の教材備品として、小学校にエレクトーンが届けられた。これを上手に使って分校の子ども達が楽しい毎日を過ごせるようにという心遣いなのであろうと、私達職員はみんな喜んだ。今でこそエレクトーンなんて珍しくもないが、当時ベビーオルガンか一カ所音の出ないところのある古いオルガンを弾きながら一年、四年、六年の子ども達を相手にしていた私にはいわば新兵器にも思えた。

私は真新しいエレクトーンを我流で弾いてみた。たしかに今まで馴染んだオルガンの音色より美しい。各学年の教材の曲を正しい伴奏をつけて美しく弾きこなせるようになれば、子ども達はきっとメロディの美しさにひきこまれるに違いなかった。教材曲だけでなく愛唱歌や鑑賞曲を子ども達が思わず声はり上げて歌いたくなるように弾けたらどんなに楽しいだろうと思ったが、いかんせんこのままでは宝の持ちぐされであった。練習しなければ、それも初歩から正式のレッスンを受けなければ駄目だった。私は考えた末に、熊本市内の大谷楽器店に指導を受けに行くことにした。

しかし、思い切ってエレクトーン教室に飛び込んではみたものの、やはりと言おうか、私と一緒に指導を受ける生徒はみんな可愛らしい子ども達ばかりで、先生もはたちになるかならぬかの、我が家の二女よりも若い人なのであった。私は、何とも恥ずかしい場違いの所に出た時のような気持ちになり、もの悲しくもあり、かつてない孤独感を味わった。結局、私の場合は平日の夕方にレッスンを受けることは無理だったので、子ども達とは別に週に一回、土曜日の午後に一人で指導を受けることになった。

こうして一大決心をしてエレクトーン教室に通い出したものの、私はなかなか上達しなかった。自宅練習の時間が私にはとれなかったのである。エレクトーンは学校の職員室に置かれていたので同僚の先生達の横で勝手にブーブーやるわけにはいかず、早朝か先生方が帰られた後に時間をつくるしかなかった。自費で購入するような財力もなかった。また、オルガンと違ってコードがなかなか覚えられないで、手と足との調整がむつかしかった。そんなわけで、練習する時間もあまり無い上に私自身の物覚えも悪くなっていて、娘より若い先生の前で弾く時、私は緊張のあまりつい指が硬直したようになるのであった。それに引き替え、孫のような子ども達は何の気負いもなくスラスラと弾き終わるのである。

私は決心して教室に通い出したものの、またしても劣等感が頭をもたげるのであった。教室で渡された「エレクトーンメイト」なる本には、「レッスン1」のステップを三カ月でマスターし、「メロディプレイ」「コードプレイ」「リズムプレイ」の要素を学んだあと、幅広い自発性に富んだ音楽へと結びつけていく――と前書きで説明してあったが、私は着実にステップをこなしていくには大変な時間と労力がいると思った。そう思うと、当初の一大決心が次第に不安へと変わっていった。

週に一回熊本市内に出てレッスンを受け、ついでに買い物などをして帰る夕暮近いバスの中で、私はやがて三十年にもなろうとする過ぎし日の事を思い起こした。かつて女子師範在学中にオルガン練習室で音楽の先生から受けたきびしい検閲のことである。私は、すぐ横に先生がピタリと腰かけて見て居られると思うと、練習の時には弾けた曲も緊張のあまり弾けなかった。すると赤いペンでマークされ、何度も弾き直しさせられるのであった。私は女学校から入学した二部生だったので高等小学から入学した一部生に比べて練習の年数が短い上に、自宅から通学していたので練習しようにもオルガン練習室はいつも寄宿舎生によって占領されていてなかなか練習することができなかったのである。あの頃の苦い体験をこの歳になってそっくりそのままの形で繰り返すことになろうとは……と、たった一人になってしまった帰りのバスの中で思い続けるのであった。

数日後、家に帰った二女に事の次第を話すと、何かと私を批評する彼女の曰く、「何よ、お母さんらしくもない。自分を先生だなんて思うからいけないのよ。〝孫がエレクトーンを楽しそうに弾いているのをみて、つい私も習ってみたくなりました〟くらいに言って、あなたが持っている指輪でも全部さしてピャンピャン弾きなさいよ。私よりもっと若い小娘じゃないの、その先生は」と私を煽動するのであった。私は二女の勢いに乗せられて、「そうね、そういえばそうだし、よし、その気でいくか」と言ってはみたものの、やはり、そう開き直れるには相応の実力が伴っていないとどだい無理なことなのである。練習曲の「ロンドンブリッジ」や「黄色いリボン」を危ない手つきでブーブーやっているようではどうにもならない。私が当初に抱いた楽しい夢につなげるためには途方もない時間がかかりそうに思えた。

26　思いやる優しさ

私が、エレクトーンの練習で悪戦苦闘している間にも年は変わり、昭和四十一年を迎えた。子ども達は至って元気で、寒さのなかを明るく学校に来ていた。

悦子は落着きがでてきて、学習態度も素晴らしくよくなってきた。隆はもともと得意としていた社会科にいっそう興味が出てきたようだった。本人の中では、社会科だけは人には負けない、中学生にだって引けはとらないという自負があるようなのだからなかなかのものである。寮では夜遅くまで地図と首っ引きで勉強していて、時の経つのも忘れるくらいに楽しかったと言うのである。そんなことを聞くと、私も何かほのぼのと心楽しくなるのだった。

節分の日にはみんなで鬼の面と福の神の面を作った。幸子が作ったのを見て他の子も欲しがったので午後の工作の時間に作らせたのだが、六年の隆までが面を被って幸子とふざけ合って喜んでいた。

つい数日前までは朝は水道の水が凍りつくほど寒かったこともあったが、節分を過ぎるとまるで春を思わせるような陽気になることもあった。東の果ての梅園では梅の蕾もふくらんだことだろう。

そんなある朝のこと、悦子、とし子、幸子の女の子だけ三人が朝の始業時間になっても教室に顔を見せなかった。何をしているのだろうかと思いながら男の子達だけで授業を始めたところに、あたふたと三人が教室に駈け込んで来た。見ると、幸子は半オーバーの下は寒中というのに涼しい夏の装いであった。あまりに突飛ないでたちにびっくりしている私に、悦子ととし子がかわるがわる説明したのは以下のようなことであった。即ち、幸子が朝方お漏しをしたのである。このところ漏尿が続いていて冬物のズボンや下着も洗濯したままで乾かなかったり汚れたままだったりで着替えがなく、二人でとりあえず夏のワンピースやスカート、タイツ等ある物を着せてつれて来たというのである。夏物衣料の上にはそれを隠すためかフリルのついた花柄のエプロンまでさせて、子供ながらに見るからに苦肉の策といった感じであった。

悦子ととし子は教室に入るなり幸子のことをまるで自分達の責任ででもあるかのように弁解をしたのであるが、当の本人は実にアッケラカンとした顔で微笑を浮かべて二人の話を聞いていた。まるで主客が転倒したかのような両者の態度が私には少しおかしかったが、それよりも私が驚いたのは二人の男子達の態度であった。彼らは私同様、はじめ幸子たちが教室に入ってきたときはびっくりしたような顔をしていたので、私は二人が悦子たちの説明を聞いて幸子のおかしないでたちのことで何か一言でも言うのではないかと思ったのであるが、笑いも冷やかしもせず、ただ黙って見ているばかりであった。

私はこれに関連してもうひとつ、漏尿のことで思い出すことがある。それはこの件があってから数カ月後、容子が転入して来て間もない日の出来事であった。まだ分校の雰囲気になじめずに緊張していたからなのだろう、朝会のときに容子がお漏ししてしまったのである。尿が床を流れるのに気付いて私が壁際の雑巾掛けまで走って三、四枚の雑巾をつかんで戻ってきた途端、私の手からサッと掠めるようにそれを取って床に拡がる尿をアッという間に拭き取った者がいた。何とそれは中学三年の男子、Eであった。また、普通なら生徒達は尿の流れるのを大袈裟によけたり、そうでない場合でもちょっとざわついたりするものだが、Eの他の生徒達の態度には新入りの容子に対して〝ちっとも気にしないでいいよ〟とでも言っているような、実に優しい雰囲気が漂っていた。

幸子が異様な服装で現れた時に二人の男の子達が一言の冷やかしも言わなかったことと、容子の漏尿の際に全生徒がごく自然にとった行動の根底に流れるものはただ一つ、窮地に陥った仲間の心情を思いやる優しさであった。それは、彼等が子どもながらに常日頃から人の痛みを我が痛みとして受けとめて生きているからでは、と私には思われた。私は、二つの小さな出来事に接した時の子ども達の行動を通して、大切な事を教えられた気がした（中学の生徒の中では一番がっしりした体格をしていたEは当時、自衛隊に行きたいと言っていたが、いまどうしているだろうか）。

ある日の午後、六時間を終って帰る時、悦子ととし子が鉄棒の所から私を呼んだので、二人としばらく立ち話をしていた。そこへ隆が教室から出て来て、何を思ったのか私と幅跳びの競争をしようと言いだした。それまでも隆は走り幅跳びで私に何度か挑戦したが、まだ私には勝てなかった。それでも何とかして私を負かそうとするのだから頼もしい。二人の女の子が見守る中、隆と私との競争になったがまた私が勝った。気が済まぬらしい隆は、今度は児童寮まで競走しようと言い出して、また二人の一騎打ちとなったが、今度はしばらく走ったところで隆は走るのを止めてしまった。そして「僕にはビタミンB1が不足しているのでどうしても頑張りが出ない」と言い出した。私は誰からそんな難しいことを聞いたのだろうかと思いながら、それでも朗らかで元気に育っていることが何より嬉しくて、隆と肩を並べて桜並木の道を寮まで歩いた。隆は顔色もよく、何となく垢抜けしてきたように私には見えた。

ところが日ならずして、その隆の顔に何か指先でつついたくらいの斑点が出来た。今までに無かったことで気になっていると、次の日にはまた少し増えたようで、隆本人も不安がって食事も減じたという。前の日に中学の立田先生の指導で中小生徒合同でドッジボールをして全員が楽しんだのだが、あるいはそれが少しすぎたのではないかと私は思った。隆本人には皮膚科の先生が薬の副作用ではなかろうかと言われたそうであったが、隆はそれを疑っていた。

翌日、朝礼に並んだ隆の顔を見たら赤い発疹はよりはっきりしていて、しかも発疹の一つ一つが固まってくっついたように見えた。隆は前日からほとんど食事が喉を通らず、眠れなかったようだった。私はすぐに隆を診察に連れていってもらおうと思って、児童寮係のAさんに電話をかけたが通じず、走って児童寮まで行ってその事を頼んだ。日頃はヤンチャの隆も、病気については殊の外神経質だった。それに大人達からいろいろと情報を仕入れていたので、病気については私達よりよほど詳しく知っていた。

その次の日、隆は診察のためにとうとう欠席した。隆が一人居ないと教室が淋しい。私はその日は帰宅後も隆のことを思うともなく思い続けて、夜には夢を見た。

それは何の木かよくわからないが大きな木が茂っていて、その下に地蔵尊が数体肩を寄せ合うようにして立って居られた。中には毛糸で編んだ赤い帽子を被った地蔵様も一体居られて、それはたしか以前に写真で見たことがある風景のようでもあった。その中に混ってちょっと丈高に隆が立っていて、私の方にチラッと横顔を見せた。見ると赤くなっていた顔がきれいになっていた。私は「やっぱりお地蔵様のおかげでよくなったのだ」と夢の中で思った。

心配した隆の顔の発疹は思ったよりも軽く、それ以上進行せずに治まりかけたので私はひとまず胸を撫で下ろした。隆もホッとしたのであろう、少しずつ元の元気を取り戻していった。

日差しが何となく柔かくなり、春が近いことを思わせるようになった。二月二十日は四十年度の卒業旅行の日で、行き先は太宰府であった。旅行の前の日には中央診察室で診察が行われるが、その朝、隆が久しぶりに登校してきた。いわゆる顔見せというもので、自分も旅行には行きたいので元気な姿を見せてアピールしておこうということだったのであろう。しかし私は、隆は折角快方に向かいかけていたので気の毒ではあるがまだ行かない方がよかろうと思った。病院の先生も「今はやっと治まりかけている大切な時だから、ここしばらくは大事をとった方がよかろう」と隆に言われた。隆はその答えは半ば予期していたようだったが、ほんとうに残念そうだった。

もう一人、可哀相なのが幸子であった。卒業旅行は中学生と一緒なので距離的に遠かったし、それに幸子は車酔いするので私は無理だと判断していたが、病院の先生から言っていただいた方が説得力があるから諦めがつくだろうと思って、皆と一緒に診察室まで来ることは拒まなかった。先生は幸子に向かって、「幸子ちゃんは体に少しばかり悪いところがあるので行かない方がいい。もっと大きくなってから行きなさい。まだこれから何度も行かれるから」と言って下さった。

幸子は先生の前では泣かず、うつむいてしょげていたが、廊下に出るなりすすり上げて泣いた。私はその小さい肩を見ていて不憫でならなかった。社会の学校でも幸子くらいの学年では到底行けない距離ではあったが、ここでは行事すべてが全生徒一緒に行動するのが当り前のようになっていたので幸子は何としても行ってみたいのであった。

隆は泣きこそしなかったものの、自分の卒業旅行というのに行けないのは残念であることには相違なかった。私は、もし園のバスに都合がつくなら隆のためにあと一週間くらい延期してもらいたかったが、そうそう学校の思うようにばかりはいかなかった。

いよいよ太宰府行きの日は朝から怪しい空模様であった。私が、隆と幸子はどうしているかなあと思っているうちに出発の時間となった。バスのエンジン音を聞いて隆が寮から出て来た。私がバスからいったん降りて、「何かお土産買ってくるからね」と言うと、隆は「そんな、お土産なんかいらないよ」と言いながら横を向いてちょっと笑った。

私はエンジンのかかったバスに急いで乗り込んで、留守番の二人には何か喜ぶものを買って来ようと思いながら隆に手を振った。幸子はどこに居たのか、とうとう姿を見せなかった。

27　隆の卒業

卒業旅行が終わると、日差しにははっきりと柔らかさが感じられるようになってきた。厳寒の中でいち早く蕾をつけた沈丁花はういういしい真紅の小粒に育ち、白木蓮の蕾も日毎にふくよかさを増してきた。日の光は、ひたすらに春を待ち望むものたちを慈しむかのようで、優しい早春の日差しの中、木々の梢にさえ息づく芽ぶきの気配を感じる時、私はほのぼのと心ときめく思いがするのであった。

梅の花咲き初むる日のときめきに今年も在りて生命愛《かな》しむ

隆は今回の体の異常では大変な精神的ショックを受けたようだったが、ほどなくして顔の発疹もきれいにおさまり、普段と同じように学校に出てくるようになった。隆がいち早く立ち直ったことで私はホッとしたが、こんなに早く治まるものなら旅行をあと一週間でも延ばしてもらえたらほんとうによかったのにと、私は済んだことを残念がったのであるが、当の隆はそんなことはすっかり忘れたかのように元気な毎日を過ごしていた。

転入以来約二年間、短い期間ではあったが隆は私達に数々の思い出を残して小学校を卒業することになった。卒業といっても寮生活はそのままで、教室もそれまでの小学校の教室から一教室おいたところで、今までどおりに毎日会えるのであるが、私としてはまるで子離れのできない親のように何とも妙な気持ちなのであった。

昭和四十一年三月十六日、小学校は隆一人、中学校は四人、合計五人の卒業式が挙行された。恵楓園分校の入学、卒業式の盛大さについては前に幸子の入学式のところでふれたので重なるかもしれないが、四十年度の卒業式の参列者は、園側は園長はじめ医務部長、事務部長、庶務課長、医事主任、園の自治会長、文教委員、父兄有志、町側は町長、教育長、教育委員、そして学校からは小中学校長並びに両教頭であった。卒業式の式次第は会場に取り付けられたマイクを通して園内に流された。

式には隆の両親は出席出来なかったが、中学卒業のF子のお母さんが出席された。若くて上品なお母さんで、私は初対面であった。お母さんは卒業式が想像していた以上に盛大に行われている様子をつぶさに目にして感激されたようであった。お母さんは「この子を出来るなら社会の学校で卒業させたいと願っていましたが、社会の学校同様に、いやそれ以上に大切に扱われていることを知って本当に嬉しい」と言って涙を流された。そして「今日の式に出るのに紋付きの羽織にしようかどうか何度も迷ったけれども、こんなに立派な式を挙げていただいたのだから、やっぱり正装で出てきてよかった」としみじみ話された。私はまことに女らしい述懐であると思いながら聞いていた。

式のあと卒業生を最前列に式参列者全員が屋外で記念撮影をした。F子のお母さんは「記念だからF

子、あなたの後ろに立たせてもらおう」と言って場所を替わられた。
中学卒業生はF子を含めて三人が高校に進学し、一人が就職した。

さて四十一年度が始まり、四月十二日には隆一人の中学入学式が行われた。例の如く式は盛大であったが、隆一人が前に腰かけて在校生は八名。かつては七十名余もいたと聞いた子ども達も今では小中合わせて九名となった。
主役である隆は落ち着いていた。あたり前のことかも知れないが、それまではどちらかと言えばやや節度に欠けるところも見られた彼が自分の置かれた立場を知り、時と所をわきまえて終始立派な態度であったのを見て、この子は本気になりさえすればまだまだ力が出せるはずだと私はひそかに頼もしく思った。しかし、中学高校を経てそれから先がいよいよ人生の本番である。人間誰しも幾度かは予期せぬ試練に出会うものであるが、隆にはそれを切り抜けるだけの体力と精神力を養うべく中学でも頑張って欲しかった。私は、これからは少し間隔を置きながら彼を見守って行こうと思った。

28　幸子の日記

新学期が始まったものの、教室の雰囲気は今ひとつ盛り上がらなかった。もちろん、それはこの年に限ったことではなく、夏、冬、春などの長い休みの後には子ども達が心身共にすっかり元の状態に戻って教室が軌道に乗るまでにはいつもそれなりの日数がかかるのではあった。しかし、四十一年度は特にリーダー格の隆が居なくなったので何だか大事な柱が一本抜けたような感じで早くも四月が過ぎていった。さらに、五月の連休の間にハンセン病の療養所の全国大会が恵楓園で開催されるという事情も加わった。生徒数が減ったために使われなくなった分校の教室が急遽他園からの参加者の宿舎となり、かつて子ども達が図書室として使っていた教室は配膳室として使用されることとなった。また、常直のS先生の部屋にある電話を利用するために宿泊の人達がしょっちゅう廊下を行ったり来たりして、授業中の子ども達は落着かぬ様子であった。

五月に入ると園内の柿の若葉がさわやかな風にそよぎながらキラキラと輝き、児童寮の屋根に鯉幟がはためき、室内には武者人形が飾られた。男の子の居るごく普通の家庭と何等変らない懐かしい端午の節句の風景であった。私は児童寮に行って、武者人形の前に坐って子ども達と一緒に話をした。児童寮に飾られた武者人形はかつて我が子がまだ幼かった頃に飾ったものよりもはるかに立派なものであったが、当の子ども達はそんな大人の心遣いに対して殊更どうという感懐も抱いてはいないように私には思われた。

大東亜戦争終戦の前後に育ったわが子には、雛祭りや端午の節句のお飾りもほんの形ばかりしかしてやれず、お祝いの日といってもろくな御馳走も作ってやれなかったが、子ども達はそういうものだと思っていたのか、それなりに結構楽しんでいたようであった。物質的には乏しくとも、家族が共にすごす安らぎがあったのであろうか。きらびやかなお飾りの前に居ながら特に何という言葉も発しない子ども達の心中を思いながら、私は私としての思いに耽るのであった。子ども達は連休中はずっと園内で過ごして、とうとう外に出た者はいなかったようであった。

その連休が終って早々、信男が夏休みにはぜひ故郷に帰りたいと言い出した。そして、今度家に帰ったらもう園には戻りたくないと言うのである。それを聞いたとし子が「ここを出たらすぐ足も手も駄目になってしまうよ」と言うと、「どうなってもいい。どうせここに居てもよくはならん。すぐよくなるかと思って来たのに、ちっともようはならんもん」と言い返した。私は彼らからそんな言葉を聞く時が一番つらかった。私の力ではどうにもならないことだったからである。

信男がこんなに早くから里心を掻き立てられたのは、いったんは父と二人で帰省の途につきながら暴風雨のために涙を呑んで引き返さざるを得なかった前年の経緯があったからであろう。しかし、私から見るとそれだけではないように思えた。信男は、隆が卒業したことによってそれまでの箍《たが》がはずれたとでも言おうか、気ままになり、やや放縦になっているように私には感じられた。それに、五年生になって教科が難しくなってついていけそうにないことも、彼の心を動揺させ意欲を失わせる原因の一つになっているように思われた。

一方で、入園当時はほんとに明るくて感じのよかったとし子も、次第に当初の明るさと真面目さを失ってきていた。不平が多くなり、苛立ちの鉾先を私に向けてくるようになってきた。「自分はお母さんと一緒に過ごした日は人に比べるとほんとに短かい。これからもずーっとお母さんと離れて暮らさなければならないだろう」「自分は明るく人に好かれるような子にはならなくてもいい。牢屋につながれるような不良な子でいい」などと言い出すのであった。そんな時に信男はすぐ雷同したが、悦子は何も言わずにただ黙って聞いていた。悦子はかつての幼かった日から背丈もずいぶん伸びて、それにつれて精神的にもぐっと落着いてきていた。

とし子が不満の鉾先を私にぶちまけると書いたが、数年後にこの子らとはメンバーが変って女の子ばかり四人の教室になった時、その中のひとりの愛子がちょうどこの時のとし子のように、自分の病気についてはもちろんのこと、家庭、殊に父親に対する不信や社会の偏見に対するいきどおりを烈しく私にぶちまけたことがあった。それがあまりにたびたびだったので、ある時「どうして私にばっかりそんなに腹立てて言うの」と聞いてみたら、愛子は「そらー、先生にが一番言いやすいもんねえ。ああ、言いたいこと言ってしまってスーッとした」と涼しい顔で答え、他の子達と一緒に私を見て笑った。十歳そこそこの子ども達が肉親からも友達からも地域からも引き離され、社会から隔離されて生活する中でいかに鬱積した思いを抱えていたかということであるが、その愛子が転入後はじめての夏休みの帰省から戻ってきた時、「親にまで嫌われた」とポツンとつぶやいた一言を私は今でも忘れられない。

さて、話を戻そう。信男、とし子と、何となく意欲を失ってしまった二人。社会の学校では大勢の中で一人二人の子どもがどんな思いでいようともさほど問題にならないことかも知れないが、ここではそうあってはならなかったし、全体に及ぼす影響も大きかった。彼らと毎日を楽しく過すためにはどうしたらいいか、気負えば気負うほど私は悩んだ。

ところが、そんな私の窮状を救ってくれたのが幸子だった。何となく沈滞ぎみの教室の雰囲気の中にあって、幸子が俄然学習に意欲を見せ始めたのである。あまり周囲に頓着せず「我が道を行く」の感が強かった彼女ではあったが、何に刺激されたのか、「先生、幸子にいっぱい宿題を出して下さい」と言い出したのである。気まぐれかも知れなかったが、私は幸子からそんな言葉を聞くのは初めてだった。

私は早速、彼女に国語のノートを二冊渡した。一冊は前に渡していたノートが残り少なくなっていたのでその補い。あとの一冊にその日見たことやしたこと、思ったことなどを普段私に話しているつもりで書くように、と指示した。幸子は平仮名をまだ全部は覚え切っていなかったので、その練習にもなると思った。私は幸子がノートを喜んで貰って帰る後ろ姿を見ながら、さてどんなことを書いてくるか、楽しみに待つことにした。

翌日の終業後に、私は幸子にノートのことを尋ねてみたが、彼女はすっかり前日のことは忘れていた(このように私はちょいちょい彼女には肩すかしを食わされるのである)。私が「幸子ちゃんが今日は何か書いてくるかと先生は楽しみにしていたんだけど」と言うと、「ああ、あれか」と言って思い出しはしたものの話は他に移ってしまい、屈託のない声で「サヨナラ」と手を振って寮へ帰っていった。

二日目。私は、今日はひょっとしたら何か書いてくるかもしれないと、またはかない望みをかけたが、その日も何のこともなかった。

三日目。自分から言い出しておきながらなかなかその気にならない幸子に、私は「絵を描いて絵についてのお話でもいいよ。何でもいい、先生にお話しするつもりで書いておいで。先生は、幸子ちゃんのそんな絵を早く見たいなあ」と言って、またノートを一冊与えた。幸子は今度も嬉しそうにノートを貰って帰った。私はそうは言ったものの、今度はあてにせずに待つことにした。

六月も終ろうとする日、登校して来たとし子が私を見るやいきなり注進した。「幸子ちゃんが日記を書き出して、夕べも今朝も御飯を食べなかった。夢中で書いてて馬鹿みたい」。私は「やった！」と思った。書け書けと言われてもすぐに書けるものではないし、また書いてくる子でもない。それが食事も忘れるほど熱中して書いたと聞いて驚きもし、嬉しくもあった。どんなことを書いたか、そんなことは二の次で、とにかく書いたという意欲だけでも大いに賞賛に価すると思った。

私は教室に入ってきた幸子を待ち受けて、まず彼女が約束を果たしたことを賛めた。持ってきたノートを開くと、なんと日記は七ページにもわたって書かれていた。初めの二頁くらいは字でびっしり枡目が埋められ、句点（。）も読点（、）もなかった。たどたどしい字で読みにくい所もあったが、鉛筆をしっかり握って力をこめて書かれていた。内容は大方は寮のお姉ちゃん達と話したことなどがそのまま書かれていたが、強く感じたのだろうか繰り返し書いてあるところもあった。絵は二、三点描かれていたが、文とは関係なかったり、あっても文は説明程度だった。

「せんせいとやくそくしましたそしてノートを三さつもらいましたばってんさちこはわすれました」と書いているところでは、私は思わず笑ってしまった。やはり自分のしたことは自分では分っていたのである。

しかし、これだけ書くにはやはり精魂傾けて書いたに違いなかった。殊に長音や拗音は難しかったろうによく書けたと思った。私はこの時とばかりに幸子の頑張りを賛めたたえたのであるが、彼女は半分は私から叱られるのではないかとも思っていたようである。なぜなら、とし子の言葉からも推測されるように、幸子は児童寮では恐らくみんなの非難の的であったろうから。

その日の昼休みには、とうとう児童寮係のAさんが「先生、幸子の日記は毎日あんなに沢山書くのですか。食事もしないで書き続けるので困ります。食事に呼んでもほとんどふり向きもせんとですよ」と言って来られた。

幸子は一冊三十五頁のノートをわずか二日で書き終えた。絵もあり詩のような感じのものもあったが、中に「ノートいっぱいかいてしまったらおかあちゃんにみせたい」とも書いていた。幸子は入学当時は描いた絵を持って見せに行ったままとうとうお昼まで学校に帰って来なかったりしたこともあったが、あれから一年、大分学童らしく成長していた。

さて、「先生、さち子に宿題出して下さい」の一語から始まったこの騒動の顛末は一応大成功であった。社会の学校の子らに比べて競争意欲に欠ける分校の子ども達の生活の中で、幸子の頑張りは上級生達の気を引き締めるに大いに効果があった。この一件以来、とし子も信男も少しずつ元気をとり戻し、教室内の雰囲気も次第に正常に戻っていった。

数日後、私は幸子が中学年用の物語の本を小脇にはさんで下校する姿を見かけた。恐らく図書室から勝手に持ち出したものであろうが、読めそうにもない本ながら何となくそんな格好をしてみたくなったのであろうか。

七夕の前日、放課後に児童寮に行ってみたら、子ども達は色とりどりの色紙で短冊作りに余念がなかった。幸子は一人で寮の全員の名前を書いていた。私が「七夕さまには何が一番お願いしたいの」と尋ねると、たちどころに「さち子のびょうきをはやくなおしてください」とたどたどしい字で書いた。まさに思いはその一語に尽きるのであった。

29 帰省

七夕の祭りが済んで間もなくの頃、小さな事件が起きた。私は今でもその時の情景をはっきりと思い起こすことが出来る。

中学二年に転入してきたばかりのHという男の子がいた。Hは病院での診察の結果、即時入院ということになった。転入して日の浅いHは入院と聞いて大変なショックを受け、夜もろくろく眠れなかったらしい。

その日は午後一時に病院から迎えが来ることになっていたので、Hは午前中で授業が終わった幸子と二人で児童寮に居るはずであった。ところが中学の脇坂先生が寮に行ってみられると、ちょっとの間にHが居なくなっていた。脇坂先生が幸子と一緒に押入れやトイレなど寮の目ぼしい所を探されたが見つからず、外に出てみられたら何とHは児童寮の屋根に上がって声をあげて泣いていたというのである。

思いもかけぬ事態に脇坂先生から学校に電話が入り、授業中の立田先生と私は寮に急行した。脇坂先生は、「Hは左手にギブスをはめているのに、どんなにして屋根の上に登ったのだろうか。下りなさいと繰り返し呼びかけても、泣くばかりで下りようとしないのです」と立田先生に事の次第を説明された。

「よく聞け。君は今左手が少しばかり神経をやられているが、入院してすぐ治療すればきっとよくなると病院の先生は言っておられる。それなのに屋根に上がったりして入院を拒否すれば、今に左手は使えなくなる。それでもよかったら、その暑い所にいつまでも上がっておれ」

立田先生がHに向かってゆっくりと話しかけられると、Hは涙を拭いて、「はい、わかりました。下ります」と答えた。Hは、「急がずに落ち着いて下りるんだぞ」という立田先生の指示に従って、私達教師が見守る中を屋根から雨樋を伝って下りて来た。汗と涙に濡れた顔で目の前に立ったHの心中を思うと、私達にはかける言葉が見つからなかった。

Hにすれば、夏休みを間近に控えて家に帰れると思っていたのに、入院となればそれが出来ないばかりか、大人だけの入院室にたった一人で居なければならない。その淋しさを思うと、どうしても病院に行きたくなかったらしいのである。ふだんは少し剽軽な面もあるHであるが入院と決まってからの数日はほとんど眠れなかったらしく、顔色はかねてより青ざめて目も少しくぼんで見えた。

翌日は中学の女子の家庭科の調理実習に小学生も加わった。メニューは鯨肉の生姜焼きと野菜のドレッシング和えで、小学生は野菜サラダ作りを受け持った。悦子ととし子はさすが女の子、まめまめしく楽しそう。信男は包丁さばきがなかなか器用で、彼は先頃は木苺を採集してジャムを作ったりしていて、男の子ながら手馴れていた。幸子は団扇で蠅を追ったり生姜をおろしたりと、皆それなりに一生懸命であった。

鯨肉を焼いたり味つけしたりの仕上げの際どころは中学のお姉ちゃん達の領分である。限られた食器を使ってどういう風に盛付けをしたら見た目にも美しく、おいしそうに見えるかなど脇坂先生の指導もあった。鯨肉は十分な量があり、野菜サラダには赤い新鮮なトマトをきれいにあしらい、パンとオレンジジュースも添えられた。

技術の時間が終わった男子生徒たちが実習室に入ってきて席につこうとしたとき、それまで蠅を追いながら配膳をジッと見ていた幸子が、一番盛りのよさそうな皿をサッと自分の前に引き寄せた。中三のけい子はそれに気づいたようだったが、顔には出さなかった。そしてみんなが席に着いた。

幸子がやったようなことは子どもの居る家庭ではよく見かけることで、殊におやつの時などにはその大小多寡をめぐってときには兄弟喧嘩にまで発展したりもする。しかし、そんな時には親の手前、だいたい年上の者が妥協してどうにかその場は治まる。そういうことの繰返しの中で子どもは逞しく育っていくのであるが、子どもばかりの寮生活の中では本来はそのような「不公平」や「甘え」は許されないだろう。けい子も私達教師の手前、ちらっと見ただけでその場は見逃したものの、これが彼女らだけの時だったら違った対応になっていたかもしれない。

私はそんなことも考え合せて、子ども達には小さいうちからきちっとした食事作法を身につけさせるようにしなければならないと思った。私達教師や寮係はいたとしても、彼らと寝食を共にして四六時中面倒を見てくれる最大の庇護者であるはずの親がいないということは何よりも気の毒であり、また不憫であった。

いよいよ試食が始まった。日頃は定刻に配られてくる食事をごく当り前の事としてよそい分けて食べている彼らであるが、その日は違っていた。なにしろ、自分達が一生懸命に切ったり刻んだり味つけをしたりした御馳走なのである。皆おいしそうに頬張ってきれいに食べてしまい、一人も残した者はいなかった。私は最初、鯨肉の量は少し多すぎるかなと思ったのであるが、彼らの健啖振りの前には私の杞憂などものの数ではなかった。

家庭科の調理実習はこうして楽しい中に終わったが、私は、前日入院したHも一緒だったらさぞ喜んだことだろうに、と思った。

さて、一学期が終わると、待ちに待った夏休みである。例年、この時期が近づくと子ども達は気もそぞろとなる。病院の方の手続きや処置を済ませて、保護者の迎えがあれば夏休み中は故郷で過ごすことができるのである。休みが終われば、また保護者に送られて園に帰って来る。

分校の子ども達の中には沖縄を故郷とする者が二人いたが、その頃はまだパスポートが必要な時代だった。一人は早々に帰ることが決まっていたが、もう一人の子は帰ろうか帰るまいか、ぎりぎりまで心が揺れているようであった。考えてみれば沖縄と熊本の間は船で一昼夜と列車で半日、それを行きと帰りを親に付き添ってもらわなければならないのである。このような父兄の送迎の負担を考えて私達教師が行きだけ沖縄まで送り届けることになり、ようやく二人の帰省が決まった。それからそれぞれの渡航手続きを大急ぎですることになった。

いよいよ出立の夜、私は夜の十一時前に児童寮へ行った。寮には電気があかあかとともり、一人はもう支度を了えてテレビを見ていたが、あとの一人はまださかんにアイロンをかけていた。

夜の児童寮はもの凄く暑かった。子ども達の中にはもう既に帰省した者もあって寮はがらんとしていたが、沖縄に帰る組以外に二人が残っていた。彼らもやはり寮友を送り出してしまうまでは気が落ち着かないのか、いつもならとっくに寝ている時間なのにまだ起きていた。

私は寮を出る前に二人を寝かせてしまおうと思って蚊帳を吊った。戸閉まりをしたら部屋の中はまた一層暑くなった。人数が減って広くなった蚊帳の中で、敷布団をしくとよけいに暑くなるからと言って、二人は畳にゴロリと横になった。私は蚊帳の外から「それでは行ってくるからね。仲良くね」と声をかけて寮を出た。

私達一行は園の車で熊本駅まで送ってもらい、午前一時十三分発の「はやと」に乗り込んだ。翌朝、西鹿児島駅着。鹿児島の港で船に乗りかえ、二十四時間の船旅を終えて、二人にとっては片時も忘れることの出来ない懐しい古里、沖縄に着いた。

30　予防法の廃止

私は恵楓園分校に昭和三十七年から四十六年三月まで足掛け十年間勤務した。その十年の中のちょうど前半にあたる所を「忘れえぬ子どもたち」としてこれまで詳しく書き進めて来た。後半は幸子が一人残り、他に同学年の三人の女の子達が次々に転入して来て、前半のメンバーの時とは雰囲気ががらりと変わった。なかなか感受性の強い子達で、それまでとは少し違った困ったことや悲しいことがいっぱいあったが、その分楽しい想い出も沢山残してくれた。私にとってはみんながそれぞれに実に愛しい子らであった。

私はいま隆を中学に送ったあたりで前半の子ども達の回想を終わり、あとは後半転入して来た子ども達の在園時のことで印象に残っていることについて簡単に触れ、最後に彼らと別れた後のことを書いてこの「忘れえぬ子どもたち」を終わりたいと考えている。

第1章でも述べたが、私と恵楓園の子ども達との出合いは、普通の先生方のそれとは少し異っていた。というよりも、私にとってそれは全く思いもかけないような特異な出合いであった。それだけに子ども達に寄せる思いは一般の先生方のそれとは恐らく違っていたろうと思うし、じっさい彼らに対する私の心情は出合いの日から分校を去る日まで一貫して変わらなかった。

繰り返しになるがもう一度そのことに触れると、私は終戦の翌年に一度教職を辞した。女子師範卒業後ちょうど十年間勤務して、二十九歳になったばかりの時だった。何故そんなに早く辞めようと思ったのか。それには私なりの理由があった。

大東亜戦争下の切羽詰まった挙国一致の戦いの中で、私たち教師は朝に夕に子ども達に「鬼畜米英、撃ちてし止まむ」の軍国思想を鼓吹した。子ども達は、「欲しがりません勝つまでは」の合言葉通り飢餓に耐え、子どもなりに教師の教えに応えようと努めたのであった。教室で戦争の話をした時に教師である私の言葉を聞き洩らすまいと真剣に耳を傾けた幼い子どもらの緊張した顔を、私は未だに忘れることが出来ない。私は、教師が力をこめて語る言葉が如何に子ども達の心を動かすものであるかということをその度に痛いほど感じた。

ところが、私はそのような教育をしながらも、いよいよ戦争が末期に近づくと、果たしてこの先日本は一体どうなるのかという不安と疑念にさいなまれるようになった。しかし、そんなことは絶対に公言してはならず、戦争はあくまでも大東亜建設のための聖戦であり、勝利の日まで戦い抜かねばならないものであった。

こうして必死につき進んだその果ては、悲惨極まりない原爆投下による敗戦であった。本土空襲と二度にわたる原爆で数十万の人達の生命が一度に失われた。

私は戦争が終わったことは正直言って嬉しかった。しかし、この戦争さえなかったなら天寿を全うすることが出来たはずの数知れない人々の命のことを考えるたびに耐え難い無念さと憤ろしさ、悲しみにかられ、また痛恨の思いに打ちひしがれた。これほどの犠牲を払ってまで何のために私たちは必死に戦ったのか。私はまだ若かったので自分の教え子を戦場に送らずにすんだものの、先輩の先生方の中にはそんな方も多数居られたはずであった。

かけがえのない尊い幾多の生命を失ってしまった戦争を、それがいかに国策とはいえ私は教師として教育の面で一生懸命遂行した。そのことに対する例えようもない悲しみと悔いの念が私の胸を去らなかった。

そんな中、大東亜省付きの派遣教員として蒙古の張家口に出向し、現地で召集されていた夫が幾多の苦難を経て同僚の先生の遺骨だけを大切に抱いて帰って来た。終戦の年の十二月、夫の満三十歳の誕生日であった。日夜その安否を気づかっていた夫が痩せこけながらも無事帰国出来たことは、私にははかり知れないほどの喜びであった。

すでに八月末には連合軍が進駐し、着々と国家全体の民主化策に手がつけられており、近く学校現場でも民主主義教育が始められることになっていたが、私にはこの先日本がどんな風に変っていくのか、全く予測が出来なかった。それればかりか、たった今終わったばかりの生々しい過去さえなかなか清算できず、心中釈然としない中で、私の中では教員を辞めたいという思いだけが募るのであった。とにもかくにも夫が帰国出来たという安堵感もあって、私は翌二十一年三月、遂に退職してしまったのである。

さて、教壇を去って一主婦となった私は、まずは家族の食糧を確保することに一生懸命にならねばならなかった。二反ばかりの畑を借りて、それまでやったこともない畑仕事に一人で精を出した。その頃はほとんどの非農家がこのようにして俄百姓になったのである。精を出せばそれなりの収穫が得られることは嬉しかったが、物凄い労働であり肉体の酷使でもあった。それは何かを精いっぱいやっていなければいたたまれないような心理状態にあった私にとっては格好の仕事であったといえるが、かといって心安らぐことは少ない、国を挙げての混乱、貧困の時でもあった。こうして私は、七年くらい一人で畑仕事を続けたのである。

このようにして戦後の混乱期をどうにか切りぬけ、私は専業主婦として家庭を守る傍ら婦人会やPTAの役員等もしたりしながら、物質的にはともかくも精神的には家族揃って元気であることによって心の安らぎを取り戻していったのであった。

しかしそれから数年後、四十六歳の若さで夫が亡くなった。終戦から十六年、あとには大学に二人、中三に一人の三人の子どもと私が残された。

自分の一生でありながら自分では将来の予測が出来ないのが人間の運命であろうか。現に先の戦争で亡くなった人達のことごとくがそうだった。予測出来ない不幸に見舞われるのは自分だけではないのだと思いながら、私は自分で自分を励ました。

それから、一カ月後、私は全く思ってもみなかった恵楓園分校の教壇に立つことになった。既に四十代半ばとなっていた私のような者が再就職出来たのは前代未聞のことで、それは夫を知る方達の私達一家に対する暖かい配慮によるものだった。

　恵楓園分校に実際に赴任して、そこが如何に社会から隔離され、入所者が如何に社会の偏見と差別の中に置かれているかということについて実感として思い至ったのは、着任早々に主任の先生から学校の実態の説明を受けた時だった。主任はまず、職員室や園の本館のある所は「セイジョウチタイ」だと言われたのであるが、私にはその言葉の意味がピンとこず、どんな字を書くのだろうかと考えた。次に、授業に出る時には白い予防衣と帽子、それに袴下、マスク、黒いゴム長靴を着用するように言われ、それらの一切は更衣室に備えてあった。さらに昇降口にはクレゾール液の入った洗面器が置いてあり、学校に持って行った教科書はフォルマリンで消毒する事になっていた。私は目の前の洗面器を見ながら、教室から帰ったら職員室に入る前にまず手を洗うのだなと思っていると、授業後は毎日入浴して帰宅するように園内にはお風呂の用意もしてあると聞いて、改めて「セイジョウチタイ」という言葉の意味に思い至った。授業に行く際の服装のものものしさ、一時間毎の教科書消毒や帰宅前の入浴、さらに学校の職員には危険手当というものが加算されると聞くに及んで、私は何だか大変な所に来てしまったという思いにかられた。

　主任は私の心中を見抜いたかのように続けられた。

「ここでは私が来る前から服装もその他の事もこんなふうに行われていました。それでそのままを継承しています。病院の中で働かれる方達と一緒の服装です。あなたはこの病気は伝染するのではないかと思っているかもしれませんが、この病気の菌は培養も出来ないほど弱いもので、そうそう感染するものではありません。現に最前線の医者、看護婦さん方でも誰も感染した人は無く、全治した人と結婚した看護婦さんもおられると聞いているくらいで、今はもう治る病気だと言われています。戦後、プロミンという新薬を使用するようになってからはほとんどの人が治りました。それ以前に感染した人達の中には後遺症が残っている人がいて気の毒ですが、そんな人達も病気そのものはほとんど治っていて今は無菌です」

私は主任の説明を黙って聞いていたが、納得がいったような、いかないような、釈然としない思いが心に残った。

赴任直後のまだ緊張した心境に在った時、小学六年の一男が「自分達のことは誰にもわからん。お医者さんでもわからん」と呟いた言葉に私はハッとした。それは今来たばかりの先生（私）には自分達のことは到底わかるまいという不信感、あきらめの表われに外ならないと私には思われたのである。まだ幼さの残る色白の子にそんな言葉を口にさせる所以《ゆえん》のものは何なのか……それから私は少しずつ考えていくことになったのである。

子ども達の日常生活に深くかかわる中で、彼らが子どもながらにいかに精いっぱい社会の偏見と差別に耐えているかということを私は痛感したのであるが、「らい菌」は極めて弱い感染力しかなく、しかも薬で治る普通の病気だと言われて久しいのに、なぜこんなにまで人に疎まれ怖がられ人権を無視された生活を強いられねばならないのか、その元凶が外ならぬ「らい予防法」にあるのだということを知ったのは大分日が経ってからのことであった。

明治四十年に「癩予防ニ関スル件」として制定された法律はその後「らい予防法」と改称され、さらに昭和二十八年に改正されたのであるが、その法に一貫して流れるものは病気を患う人を社会から強制隔離して収容、管理を図ろうとする思想であった。法は予防に主眼が置かれ、医療や福利の増進は謳われてはいたものの、それはあくまで療養所の中でのことであった。外出禁止や就業禁止など人権を無視した規定が並び、入所規定は細かく定められていたが退所に関する規定はどこにもなく、これが国民に途方もない恐怖心を煽り、偏見・差別を助長する元凶となってきた（もっとも、私が在職した期間は予防法がかなり形骸化していた頃で、殊に子どもたちは病気が完治すれば転校や進学・就職という形で社会に復帰した者もいた）。

平成七年七月、六十八回日本らい学会総会でハンセン病の強制隔離などを定めた現行「らい予防法」の廃止を求める見解が出され、それを受けて新聞やテレビが一斉に報道した。続いて全医労やその他の団体からも医学的根拠のないこの法律の廃止の見解や意見が出された。これは既に数十年間も提唱され続けてきたことであるとは言われるが、一般の国民の中ではこれらの報道によってはじめて、あるいは改めてハンセン病患者の境遇に思いを寄せた者の方が多かったのではなかろうか。現に私もかつては恵楓園に在職した経歴を持ちながらも、法律等についての知識はほとんど無いに等しかったのである。

しかし今、新聞や機関誌等によって改めて明治四十年の法制定以来、現行「らい予防法」までの由来や内容、国の誤ったともいうべき施策等について一応曲がりなりにも知ることが出来た。また熊本日日新聞に「しあわせの風見鶏」というタイトルで連載された恵楓園入所者の苦難の歴史を読むに至って、改めて九十年来の強制隔離政策に耐え、もはや故郷に帰ることさえ叶わぬ人達の耐え難い無念さを思い遣った。

私はそれらの記事を全部切り抜いた。その中にある在園者の言葉として、「らい予防法は医学による病気の克服ではなく、隔離による患者抹殺を目的としたもの」という指摘があったが、私にはその言葉が突き刺さるように胸に残った。

さて、いよいよ来年（平成八年）の通常国会には、遅すぎたともいえる同法の廃止と全国の在園者の生活保障を盛り込んだ法案が提出され、約九十年にも及ぶ強制隔離政策に終止符が打たれ、入所者が希求して止まなかった「人権回復」の歓びの時が来るはずである。しかし、屈辱の歴史は余りにも長過ぎた。入所者の方達には到底私達には計り知れない幾多の複雑な思いが去来していることであろう。恵楓園自治会長の河岸渉さんは「われわれの要求はほぼとり入れられたが、法案を見るまでは安心出来ない」と言われていたが、この言葉の裏には長年に亘って放置され続けた無念さと、国の施策に対する拭いきれない不信感が潜んでいるように私には思えてならなかった。

しかし、ともあれ今在園の皆さん達は長い呪縛から解放され光が当てられる日も間近いのである。恵楓園の由布園長は「今後は社会的啓発にもより力を入れ、行政などの組織も巻き込んで、在園者がお盆や正月などに古里に帰れるような環境作りを目ざしたい」と言っておられるが、まことにその通りである。要は、今後は私達社会の側の意識が変らねばどうにもならないのである。

長い間に培われた偏見と差別の「厚い壁」が早急に取り払われることは難しいと思うが、私は県や市町村の広報紙などで間断なくハンセン病という病気についての正しい知識を啓発し、また昨今、新聞やテレビが行っているようなハンセン病を患った人達の歴史と現状を国民にアピールするような報道を続けていけば、国民の偏見も少しずつ薄れていくのではないかと思っている。国は先頭に立って都道府県や市町村、マスコミにそれらの行為を要請すべきであり、全責任を持ってそのことを実践しなければならない。なぜなら、それは長い間理不尽な隔離政策を取り続けたことに対しての、また非人道的な行為を強制し続けたことに対しての、国民全体の、万分の一の贖罪でもあるからである。

私には今、成人になっている何人かの教え子たちの顔が浮かぶ。彼らが今度こそ、名実共に幸せになってくれることを心の底から祈る。

31 心の渇き――愛子のこと

私が在職後半に担任した幸子、愛子、清子、容子の女の子ばかり四人が昭和四十六年三月に卒業すると、生徒がいなくなったので小学校は当分休校という形となり、また該当者が来れば分校へ戻るという条件で私はひとまず本校に転任することとなった。しかし、その後二度と分校に戻ることは無く、私は昭和五十年に退職したのであった。

以下の三章では、私が後半に担任した女の子達の在園時の様子とその後のことについて述べてみたい。まず、愛子について。

愛子が来園したのは、その年三年に進級する予定の昭和四十二年四月上旬だった。診察の後、まだ諸検査が残っているので二カ月くらいは病棟から通学するように指示された。

愛子は母とは数年前に死別していて、父と母方の祖母とに伴われて来ていた。私が病棟を訪ねた時は、父はもう帰っていて祖母だけが残っておられた。愛子はベッドの上いっぱいに玩具を拡げて退屈そうにしていた。恵楓園には子ども専用の入院室というものはなく、同室の三人は大人の女の方であった。私はその玩具を見ながら、ほんとにまだまだ幼いなあと思った。

翌日訪ねると、数日間泊まってくれた祖母もすでに帰り、前夜は愛子は夜を通して泣いていたという。同室の三人の方達が手振りや目くばせで私にそっと語ってくれたのである。

四月十三日、愛子が初めて病棟から学校に来た。夜通し泣き続けた日から二日たっていた。愛子は教室ではすぐに容子と仲よくなった。二時間目の理科の時間には素晴らしく張り切って、勉強することを楽しんでいるかのように見えた。

翌日は、みんなで春の野の花を摘んで図鑑で調べた。それがまた実に楽しそうで、珍しい花を見つけては大声で私を呼ぶのであった。病院では主治医の先生の診察をうけながら、学校で勉強することが楽しくてたまらないと言ったそうで、私はそれを聞いてひとまずホッとした。

愛子が入園して間もなく、春の遠足に出かけることになった。行き先は三角方面、潮干狩である。ただどこそこを見学したり遊んだりする遠足よりも、海に入って貝を掘る方が子ども達にはどんなに魅力的であることか。愛子はここに来てまず一つ、初めての楽しい体験をしたようであった。

愛子は学校では素晴らしく意欲的で学習の態度もいいのだが、病棟では次第にわがままを言うようになって看護婦さんや保清婦さんの言うことを聞かないとの申し出があった。学校でよく言い聞かせると「わかりました」ともの分かりはいいようであるが、病棟ではどうも手古摺っているらしいのである。

ある日のこと、いつも楽しそうに学習する愛子が、朝からどことなく生気がなかった。五時間目が終わって病棟まで送って行った時にそれとなく看護婦さんに聞いてみると、前夜は一晩中大声を上げて泣き通して他の患者さん達からも文句が出る始末で、夜勤の看護婦さんは困り果てておられたとのこと。早く児童寮に引き取ってもらいたいという声まで上がってきたということであった。私は看護婦さんに謝りながら、「私の方からもよく言い聞かせますから」と言ってそこを出た。職員室に呼んでいろいろ聞いてみたが、思えば、一度も行ったことのない遠い所にたった一人置かれたのである。まだ幼さの残った顔でションボリしてうなだれている姿を見れば何とも可哀相で、私の方まで気が重くなってきた。

しかし翌日になると、愛子は大変元気に学校に来た。昨日の今日の事、どんな顔して登校するかと思って気づかっていた私はホッとした。児童寮に移ったのである。子ども同士の方が気が紛れてよかろうとの計らいであった。

ところが、その日の夕方になったらまた病棟に帰りたいと言って泣いたという。愛子には愛子なりの言い分があるのであって、同じ三年生で幸子ちゃんはお母さんが、容子ちゃんはおばさんが園内に居て、週に一回は会いに行ける。けれども自分にはそれが出来ない。だから自分も話を聞いてくれる大人たちのいる病棟に帰りたい、と自分なりの理屈をつけて泣いたのである。

寮係の話では、愛子の父からは家庭の事については聞かないで欲しいと言ってあったそうであるが、愛子としては自分の考えやそのときどきの心境などを誰かに聞いてもらいたかったのである。児童寮の友達はみんな同等で、それぞれ自分の事で精いっぱいで人の話を聞くどころではない。だから病棟で看護婦さんなどに話したいし、聞いてもらいたいのだ。けれども、看護婦さんは夜も昼もとても忙がしそうで自分のことを思うようにはかまってもらえそうにない。

私は、学校に来たら実に楽しそうに学習している八歳になったばかりの愛子が、どんな過去を持ち、今どんな思いの中にあって、まわりの大人達に何を訴えようとしているのか考えてみた時、今更のように子ども達一人一人をおろそかに扱ってはならないと思った。彼らにしてみればことごとくが大人側の都合ばかりで一方的に処理されていて、それではかなわないのである。それに対する抗議と精いっぱいの自己主張の表現が泣くという行為なのである。私は、今はただ泣いたりトラブルを起こしたりすることだけで精いっぱいの愛子が成長するにつれてどんな事を考えるようになるだろうかとも思ってみた。

四月の愛子の入園以来、寮の子ども達は何とも心落着かぬ毎日を過ごしていたが、いつしか東公園の茅花《つばな》もすっかり穂になってしまい、キラキラと眩しく輝きながら晩春から初夏の粧いに移ろうとしていた。その頃になると、愛子はようやく心が落着き、まわりの子ども達にまじって明るい笑顔を見せるようになった。

そんなある日のこと、六時間の授業が終わってみんなで一緒に学校から帰る途中、いつの間にか三年生の女の子ばかりになってしまったことがあった。他の子ども達は向こうの道へ行ったらしい。何のはずみでか結婚の話になった。

愛子が「私は結婚する時にはあんなに厚い打ち掛けなんかは着ない。真っ白のウェディングドレスにしたい。私は汗かきだから、今頃だったらもう汗ビッショリになってしまうから」と言った。それを聞いて容子が素早く私の腕を取り胸を反らして結婚行進曲を口ずさみながら四、五歩歩くと、「私も裾を引いたドレスがいい。きれいな花を持って……。お婿さんはハンサムがいい」と言った。私が「愛子ちゃんが素晴らしいハンサムのお婿さん見つけたら、そのお婿さん見たいな」と言うと、「その時は一番に先生に紹介するよ。それまで先生は元気で長生きしていてね」。「先生はその時おばあちゃんになっているだろうけれど、きっと来てね」と横から容子が口を添えた。私が「そらー行くよ。必ず行くよ。でも杖ついて行くかも知れないね」と応じると、愛子がすかさず杖をつく真似をして見せ、みんなで声を立てて笑った。

入園当時、とかく周囲を騒がせた愛子も、本人自身がそんなことはすっかり忘れたかのような毎日が続き、私もようやく心安らぐ思いをするようになった。

ちょうどその頃、愛子の祖母が訪園された。最初は父、次は叔母達と、入園以来三度目の家族の訪園であった。三カ月の間に三度の訪園である。やっと農作業が一段落して、遠く離れて一人で淋しがっているであろう孫の様子見たさ一途の来園であった。思いがけない祖母との再会を愛子が喜んだのは言うまでもなかったが、その日三時間目には大好きな社会の時間があるからと言って愛子はサッサと学校に出て来てしまった。祖母は、あきれたような拍子抜けしたような、また逆に安堵の胸を撫でおろしたとでもいおうか、何とも複雑な表情で私に話されたのであった。

七月に入って、暑さも厳しくなる頃、国語「ことばのまど」の学習で「星」についての勉強をした。愛子は宇宙の神秘について感じるところがあったのか、宇宙の研究発明をするのだと一人で意気込んで、私から洋紙をもらって何やらしきりに書いていたが、春、夏、秋、冬のあるわけの説明と言って世界地図を描いて楽しそうに何かジッと考え込んだりしていた。

そんな愛子もやがて四年生になり、私に次のようなことを言うようになった。「結婚するのは本当に幸せになることであろうか。私は郷里の高校を出て、行けたら大学に進みたい。そうして結婚はしないで英語の勉強をして、通訳などをしながら世界の国々をまわって見たいのが一つ。もう一つは先生になって山の中の子ども達に教えたい。そのどちらかを選びたい」と。このままで結婚式はウェディングドレスでと言っていた愛子が随分成長したなあと、私は一年余の歩みを振り返りながらそう思った。

四年の一学期が終わると子ども達はそれぞれ懐かしい故郷に帰り、八月末にはまた父兄に伴われて園に帰って来た。夏休みを一日千秋の思いで待っていた子ども達は故郷で何を見、何を感じたか。中には、親兄弟は暖かく迎えてくれたが、かつて遊んだ級友たちはもう以前のようには遊んでくれなかった、人出の多い所には行きたくもなかった、と私に語る者もいた。一人一人にいろいろなことがあったであろう。しかし、久し振りに親と一緒に居られたことはかけがえのない安らぎと喜びであったろうと思いながら、私は子ども達の話を聞いたのであった。

九月に入ってやがて十日にもなろうとする頃、突然愛子の郷里の家から寮宛に電報が届いた。あいにくその日は寮係のAさんがお休みだったので電報は職員室に届けられた。急いで開けて見ると、一通は愛子宛で「イマユケンシバ　ラクマテ」。Aさん宛には「アイコヨロシクタノム」「ヘンナテガ　ミキタヨロシクタノム」とあった。

一体何があったというのか、何を思いつめてのことなのか、と私達は一同唖然とした。あとでわかったことであるが、愛子はその前々日に祖母宛に速達を出していて、家の方ではそれを見て驚いての打電であった。速達の内容についてはわからなかったが、電報を渡すと愛子はガックリしたようであった。私は愛子の家に「愛子にはよく言いきかせるので心配されないように」という意味の返事を早速送った。しかし、そんな行動をとらずにおれなかった愛子の心中を考えると、私は切なくて仕方がなかった。

それから、愛子は何思ったのか急に転園したいと言い出した。病院の先生に多磨に移りたいと申し出たら「いいよ」と言われたと言って、愛子は本気で転園しようと考えていた。多磨とは東京の多磨全生園のことで、そんなに遠い所に行くということはどういうことになるのか、帰省や面会もこれまで以上に困難になることとくらいかねての愛子なら判断はつくはずなのに、どうしたことか何もかも否定的になってしまっているのだな、と私は思った。

折しも西日本一帯を襲った暴風雨で交通網が大混乱をきたし、愛子の祖母の来園は二、三日遅れることになった。祖母が来られた時には愛子はいくらか平静をとり戻していた。

祖母は、「ここに来るなり泣きつかれて駄々をこねられたらどうしようと、途中それればかり考えて来たけれども、思ったよりも心が落着いていたので安心した」と言われた。祖母は愛子の心の動揺の原因について大方の察しはついておられた。愛子からの速達の中には夏休み後の心境や転園したいこと、最後に「私はお母さんの所へ行きたい。これは本気よ」と書いてあったという。愛子がなぜ夏休み直後にこんなことを言い出したかについて、祖母は「思い当たる節がある」と言われた。

帰省してはじめは祖母の所に帰った愛子が離れている父の家に行って泊った時のこと。新築されて家はきれいになっていたが、大切にしていた彼女の持ち物や玩具などが捨てられたか焼かれたかで無くなっていた。さらに一番慕っているお母さんの道具も見当らなかった。新築の際にはどこの家でもよくやることだが、自分が居ない間に大事な物を無断で処分されてしまったことが、またなぜ母のものまでそうされなければならなかったのか、愛子には納得がいかなかったのであった。そしてその不満の揚げ句に、「私とお母さんはお父さんにまで嫌われた。それならいっそのこと、私もお母さんの所へ行きたい」と言い出すに至ったのである。

愛子が三年生の頃、教室で「先生、お母さんの写真を持って来たよ」と言って私に見せてくれたことがあった。懐かしそうに誇らしそうにちり紙をソッと開いて取り出したのは、まだ若い女性の写真であった。その下にもう一枚、可愛い髪飾りをつけ七五三の正装をして微笑んでいる愛子の写真があった。写真を見せながら、「お母さんはいつも私に字を教えてくれた」と愛子が言ったことを私は覚えている。愛子は、五歳の時に死別したという母を忘れられないでいるのであった。

人よりも感受性の強い愛子にはいろいろと感じることがあったのであろうか。そんな不満や鬱憤が積りに積って、こんな騒ぎになってしまったのである。

それから十日ばかりたって今度は愛子の父親が来訪された。祖母の報告を聞いての来園であった。娘がいろいろと迷惑をかけたことを詫びられ、児童寮での子ども達の生活や学校での授業の様子などを見て二泊された。その時のお父さんの話によれば、夏休みに帰省して泊りに来た愛子に帰り際、「父ちゃんは忙しくてなかなか手紙も出さないけれど、しっかり辛抱して早くよくなるように治療しなさい」と言ったのを、「父ちゃんはもう愛子には手紙も出さないと言ったよ」と祖母の家に帰るなり涙をポロポロと流したそうである。「まだまだ子どもと思っていたのに、いつの間にかいろんなことを考えるようになりました」と、お父さんは私にしみじみと述懐された。

私は、祖母や父親からそれぞれ聞いた話を繋ぎ合せてみて、愛子が一時期異常な精神状態にあって、自殺もしかねないほどの心境になった大方の理由が摑めた気がした（その後も愛子は家族が来訪される度に別れ際には一騒動起こすということを繰り返した）。

五年に進級すると、愛子はさすがにそれまでの行動を反省するところがあったのか、「今までみんなに心配や迷惑をかけたけれど、もう自分の心がはっきりとしてきたのでこれからは人騒がせなことはしませんと宣言した。ところが間もなく、愛子にまた一つの心配事が起こった。神経痛が出たのである。大人の入所者達が神経痛に悩まされているのを知っていたので、彼女は大変な精神的ショックを受けたようだった。夜毎神経痛の痛みに耐えている愛子を見て他の女の子達はよく気を遣い、掃除などの分担からは全部愛子を外した。その時期、中学に上っていた悦子が学校で欠伸《あくび》ばかりしていたのは夜中に眠れなくていろいろ気遣っていたからだったのではなかろうか。

幸い愛子の神経痛は入院するほどのことはなかったが、病院からは余り足を使わぬようにとの指示があったので、毎日の登下校にはリヤカーを使うこととなった。子ども達と私とで愛子を乗せたリヤカーを代わる代わる押して行くことにした。子ども達はリヤカーを教室の昇降口の階段の所にピタリと着けて、下りようとする愛子に手を貸すなど細やかな心遣いを示した。

三キロも痩せたることは古里の祖母の便りに書かずて出しぬ

愛子はときには下校時に幸子や容子と一緒に病棟に行くことがあって、私と清子だけで帰ることがあった。そんな時、私が「清子ちゃん、乗りなさい。そのかわり西のお風呂場までよ」と声を掛けると、小柄な清子は嬉しそうにリヤカーにチョコンと坐り、行きずりの人に手を振って風呂場の前までの短かい距離を楽しんでいた。口には出さなかったものの、清子は愛子がリヤカーに乗れるのが羨ましくてならないのであった。五年生にもなって教師にリヤカーを押させて嬉しがっている清子は天真爛漫な女の子であった。

六月に入り、愛子はギブスをつけることになった。診察の結果は、入院の必要はないが脚はなるだけ使わないようにとのことだったので、私は愛子のために児童寮で授業をすることにした。寮係、当直の職員、それに子ども達と、みんなが愛子に気を遣い、彼女は実に手厚く看護されながら寮で学習をした。

それから十日ほどたって、私はこのままますべてが愛子中心の生活になってしまうのもどうかと思うようになった。というのは、他の元気な子達が寮での授業に飽きてか、休憩時間には二百メートル離れた学校まで出かけて行くようになったからである。彼女らは、皆で植えた陸稲の発芽したばかりの芽を雀が荒らしているといっては俄か作りの案山子を立てたり、かぼちゃの生育の観察をしたりして午後の始業時間に間に合わなかったりすることもあった。私はそんな彼女らの様子を見ていて、寮での授業は黒板や教具に不自由だし、四六時中寮にいることになる子ども達にとってはやはり面白いものではなかろうと考え直して、学校での授業に戻ることにした。愛子はまたリヤカーで通学することになった。

そんな毎日が一カ月くらい続いた頃、ようやく愛子の脚のギブスが外された。七月に入って間もなくの午後、愛子はスッキリした脚になって寮係のAさんに連れられて児童寮に帰って来た。たまたま児童寮の食堂に居た私の前で、愛子は溢れるばかりの笑顔でこれ見よがしにポーズをとってみせた。心なしか小さかった脚がさらに小さくなった気がしたが、愛子がほんとに久しぶりに見せた笑顔だった。私は思わず愛子を強く抱きしめた。他の子達も「愛子ちゃん、よかったね」と口々に喜んでくれた。

まわりの人達には大変迷惑をかけたが、ようやく愛子にも穏やかな毎日が訪れたのである。三人の子ども達はほんとに長い間嫌な顔も見せずに愛子をいたわり、頑張ってくれた。彼女らがごくごく自然にみせてくれた細やかな心遣いと行動に対しては、私は脱帽のほかはなかった。

直立不動の姿勢をとりて笑みかくる脚のギブスを今朝とりし子が
ギブスとれて小さくなりし子の脚にかろやかにして赤きスカート
ギブスとれしと笑みて見上ぐる子を強く抱けば息を止めて居るぞも

その後、愛子の神経痛は漸次快方に向かい、彼女は治療に専念しながら小学校最後の年を頑張った。

私は自分の在職中だけのことしか知らないが、あれほど精いっぱいの自己主張をした子は、恐らく愛子の他には居なかったのではないかと思う。愛子は家族が来訪されると、その帰り際には何度もトラブルを起こした。祖母を追いかけてタクシー乗場まで行ってタクシーを出せとせがんだり、父親は引き返して来てまた泊られたこともあった。叔母達の時には……もう止そう。そんな愛子の行動を見て、若い男の先生が「愛子は余りにもわがまますぎる。ここには入所以来一度も家族の来訪のない子だって居る。それに比べると愛子は甘えがすぎる。ここではたった一つ療養に専念することしか道はないというのに」と批判されたことがあった。確かにその先生が言われることはわからぬでもなかったが、私はその厳しい言葉を聞いて自分の行動を批判されているような気がして切なくて返す言葉がなかった。かつて悦子が夏休み後に提出した作文の中で、いよいよ帰省から園に戻るという日に、見送ってくれたお母さんに「さようなら」を言おうと思ったが涙がこみ上げてとうとう声にならなかった、と書いていたことがあったが、ここの子ども達はみんなそんな別れをしなければならなかったのである。

私は愛子が小学校を卒業するまで四年間一緒にすごしたが、子どもながらに自分のありったけの知恵を絞って自己主張をする彼女を見ていて、時には自己弁解をしていると思ったことも何度かあった。そういう時、とかく大人達、特に教師は（私自身を含めて）そんな子を異端児視して、とにかく説得しようとするものであるが、私はそんな子を説得しようとすることはどだい無理であることを愛子を通して思い知らされた。何がその子をそうさせたのか、なぜそうせずにはいられなかったのかを、その子と同じ視線で考えてみることからしか始まらないのだと思う。

愛子が入所した当初に、「同じ三年生で幸子ちゃんと容子ちゃんには園内でいつでも遊びに行ける所があるが、自分には行く所がない」と言って淋しがっていたことがあった。そのことを伝え聞かれてか、やがて入所者のMさん御夫婦が愛子のことをなにくれとなく面倒を見て、可愛がって下さるようになった。愛子がMさん御夫婦の愛情によってどれほど心の渇きを癒したことか、どれほど安らぎを与えられたことか、それは他ならぬ彼女自身が一番感じていたことであろうと思うのである。

愛子達が六年を卒業するのと同時に小学校はいったん休校になり、私は新しい生徒が来たらまた恵楓園分校に復帰するという条件で本校勤務になった。

当時は、恵楓園の子ども達は分校の中学を卒業すると、邑久高校へと進学した。この学校は岡山県立邑久高校の新良田教室として瀬戸内海の長島愛生園にあり、全国でただ一つのハンセン病療養者のための高校であった。普通の高校は三年間で修了するが、そこでは治療を続けながらの修学であるから四年間で、その後は本人の希望によって普通の大学や各種の上級の学校に進めるようになっていた（ちなみに、この高校は昭和三十年九月に開校し、六十二年三月には生徒数激減のために閉校になっている）。

私が本校に移ってからも、愛子は私の誕生日には毎年必ず誕生祝いの葉書をよこした。私は若い頃、竹久夢二の描く何とも夢のようにはかな気な少女を描いた絵に憧れた頃があった。そんなことをまだ小学生の愛子に話したことがあったのだろうか、愛子は邑久高校に行ってからは必ず夢二の絵葉書に「お誕生日お目出度うございます」と書いてよこした。夢二の生家は彼女達の高校のある邑久郡の邑久町にあるのであった。私の誕生日は二月十一日で、それはちょうど三学期のテストのある頃にあたって彼女にとっては心せわしい時期なので、時には誕生日に遅れたことを詫びたものもあった。

先生お誕生日お目出度うございます。この前のお返事に先生が竹久夢二の絵葉書を大変喜んで下さったので、また絵葉書にしました。例年になく寒い日が続きますが、先生にはお変りなくおすごしでしょうか。私達は二月二、三日と大山へスキー実習に行きました。あんなに凄い雪を見たのは初めて!! 雪の中に家があるようなのです。熊本も霜柱が凄いでしょうね。それでは先生もお体を御大切に。

これは高校二年の時によこした絵葉書で、春の宵、日本髪に髪飾りをつけて、だらりの帯の舞子さんが半ば体を崩した姿勢で畳の上に拡げた本を読んでいるという絵柄で、ちなみに前年は宵待草の花の咲く草原に一人の少女が夕空を仰いで坐っている絵柄であった。

先生お誕生日お目出度うございます。いつだったか、本からミレーの自画像を写して、翌日見ると信男さんがミレーの目の部分を塗りつぶしていたので、私が大変腹を立てたことがありました。先生覚えておいでですか。小学校の時だったと思うのですが……。この絵葉書を見て思い出しました。あの頃からミレーの名前だけは知っていたんですね。今でも好きですが、この頃はもっと明るい色調のものが好きなようです。九日まで試験、明日も二科目、なかなか身が入りません。では先生お元気でお過ごし下さい。

これは三年の期末試験の最中に書いたものである。年賀状、暑中見舞等も加えると、まだ沢山ある(私は恵楓園の子ども達からの手紙は一人一人それぞれに纏めて今でも大切にしまっていて、時々思い出しては読み返している)。次に高校最後の年、四年の夏に届いたものを読んでみよう。

先生お手紙どうもありがとうございました。夏休みになって、二泊三日で高校から大山の方へキャンプに行ったので、昨日家に帰って先生のお便りを受取りました。私はときどき思い出したようにしかお葉書を出さないのに、先生は長いお便りを下さって、本当に嬉しく懐かしいです。

あの頃は何もわからず、我儘ばかりしていた様です。よく政治について知りもしないくせに、大胆不敵にも当時の政府について文句を言ったりしていました。学校の行き帰りは先生にまとわりつくようにして歩いていました。秋の日だったか、短歌とも詩ともいえないようなものを作ったりしましたっけ……。今でも詩を書こうとする時、いつも思い出します。

その頃、私が花や星や空や少女雑誌にある様な美しいものばかり書いていたら、先生が「美しいことだけ、またきれいな言葉を並べるだけが詩じゃないよ」と教えて下さったので、私は稲刈りの詩を書いた事を覚えています。でも不思議ですね。今では書こうとしたってそんな詩は書けません。全部自分の心を布でくるんだ様に現わしたものばかりです。これも年を経たしるしでしょうか。

今こうして考えてみると、幼な心にも、あの頃は社会問題について饒舌るだけの情熱を持っていたのに、高校四年になった今では自分の事で精いっぱいです。全体よりもまず自分という〝ずるさ〟が身についてしまったのかな。しかしたとえ浅くてもよいから、社会、大きくいえば地球全体について、知ろうとする意欲がなくてはなりませんね。この頃やっとそのことが分かり始めました。そのためには高校までの教育がどんなに大切かということも。私はそういう目をもっともっと拡げるためにも、大学へ行きたいと思います。

ところが、現在私は迷っています。中学の時から大学に行くなら英語を、と思っていたので今まで特に考えもしなかったのですが、別の道もあるのではないかと思い始めたのです。それは国文と社会福祉。以前から教師になりたくて。国文にひかれるというのは、古典が好きだからです。どこがいいというでもないのですが、高校で古典クラブを一人で作って、伊勢物語を担任の先生と読んだりしました。何といっても母国語ですもの。この頃若い人の国語力の無さがよく言われていますが、自分自身表現のまずさ、語彙の貧弱さには言葉を使っていながら嫌になってきます。それを思うとますます国文にひかれて行くのです。

社会福祉。これは、私は親身になって不幸な人々のお世話をする、例えばケースワーカーなどには向いていないとも思うのですが、いろいろな人間の心理や社会の現状について勉強してみたいのです。本当に学びたいこと、知りたいことはいっぱいです。

しかし大学に行くといっても、まだまだ勉強不足で今の段階ではとても覚束ないのです。夏は入試の天王山とか言われていますが、七月はキャンプや家に帰ったりであちこちして何もせず過ぎてしまいそうです。夏は図書館で勉強しようかとか、短期合宿のスクーリングに行こうかと、いろいろ迷った末、八月いっぱい家から予備校の夏期講座にでかけることにしました。大勢の中で勉強した事は無いし、受験の雰囲気がまわりに無いので経験のために。でも一カ月も費して失敗に終わったなんてことになったら……と思うと、すごく不安です。予備校の善し悪しもいろいろ言われているようですし。先生にこんなことを書いて果して受かるかどうかとなると、今は確率零に近いんです。ろくに勉強もせずにどうして出来ないんだろうなんて嘆くのですから、本当に私は駄目です。

ところで先生、私は神経痛がして四、五年の頃から海には入るの止めていたでしょう。ところが去年八年ぶりに海に入って、今年はもう五回も入りました。もう二度と海には入れないと思っていたので、本当に感激でした。こんなに気持ちいいものだったかなあって。そうしてどうにか七メートルくらい進むようになったのです。この頃はスポーツでも思いっきりやってしまうので、つい後でバテたりするのです。も少し気をつけねばなりません。

きたない字で自分のことばかり書き並べてしまいました。書きたいことは沢山あるのですがこの辺で終わります。それから「後がない……」というのは、やはり試験制度が変わることです。どんな風に変わるのか私も深くは知らないんですけど、今の受験生には相当不利になるのでしょう。五十三年度の受験生に雑誌などではさかんに「後がない、後がこわい」と、まくし立てています。それで余計に焦るのですね。それではこの辺で。レポート用紙などに書いて本当にすみません。

7月29日　　　　　　　　　　　　　　愛子

愛子はレポート用紙二枚に亘って、鉛筆書きでビッシリ書いていた。まことに美しい文字で、誤字も脱字もなく整然と書かれたものであった。私の脳裡に残っているのは、かつてのまだ幼なかった日の愛子との出来事だけなのであるが、別れてから七年にして、もうこんな手紙をよこしてくれるまでになっていた。ほんとうに成長した。見事な成長ぶりであった。私は愛子の手紙を読み返しながら、中学、高校と彼女をここまで育てて下さった先生方に改めて満腔の感謝を捧げたいと思った。

大学受験について、愛子は手紙の中で力不足で自信がないと書いていたが、ある大学に見事合格した。そして、大学では教職の資格を取得した。以下は大学卒業後にくれた誕生祝いの便りである。

（前略）昨日やっと研究授業が終わりました。実は卒業後、中学校に勤めた後、今は小学校に行っています。専門外のことでわからないことばかりですが、忙しさに追い立てられてじっくりとした取り組みも出来ていませんでした。でも素晴しい先生方に囲まれて、よく教えていただきながらやっています。（後略）

私はこの手紙で、愛子が大学卒業後、講師として産休等の補助教員を勤めていることを知った。元気で頑張っていることが何よりも嬉しくて、私は彼女が教壇に立った姿を想像してみた。私にはまだ小学生の頃の幼な顔しか浮ばなかったが、現実の愛子は二十歳余り、ういういしい女先生だろうなあと考えるうちに、思いはいつの間にか半世紀近くも前の、教師なりたての頃の私自身の頼りなかった姿と重なってきた。ともあれ、彼女が元気で若人らしく、充実した青春を過ごしていると思うと私の心は安らぐのであった。

その後愛子からの手紙は途絶えたが、私は今でも時々、どうしているのかなあ、結婚したのかなあ等と独り思うことがある。現在幸せに過ごしていれば、それが私の一番の希いである。かつて幼かった頃に一時辛い思いをした過去一切のことは、すっかり忘れて欲しい。でももし今、会う機会があればやはり会ってみたい、とも思っている。

32　普通の人——清子のこと

かつて愛子が神経痛に悩んでリヤカー通学していた頃、自分もリヤカーに乗りたがった子として紹介した清子は、四人の中では一番後に転入してきた。小柄で目のパッチリした無邪気な子であった。

清子が転入して間もなくのある日の午後、園の外の様子を見せようと思って四人を外に連れて出た時のことである。学校のすぐ後ろにはいわゆる「厚い壁」があって、コンクリートの高い隔離塀が長く続いていた。私達はその塀に沿って東の方へ歩いた。あたりの畑には一面に牧草が繁っていて、もう麦はなかった。

突然、少し前を歩いていた容子と幸子が大きい声で私を呼んだ。行ってみると、真っ青な牧草の中に紫色の奇麗な花が咲いていた。花はじゃが芋の花によく似ていたが葉と茎に小さい刺があって、ちょっと手が出ない。彼女達はその珍しい花を取りたいのであった。

その時である。清子が何思ったのかカーディガンをパッと脱いで、それでそっと包むようにしてその花を二本折った。それからあたりを見回して、そこらにあった藁を二、三本拾ってきて花を上手に結び、「脇坂先生にお土産」と言って私に持たせた。そして背を向けたかと思うと脱いだカーディガンの衿のあたりを手でつまんでパタパタと二、三度うち振り、袖に手を通してこちらに向き直った。

子ども達は清子のこの一連の動作を言葉もなく見ていた。私も、清子のユニークなというか世故に長けたというか、子どもとは思えぬそのしぐさの鮮やかさをただ感心して見ていた。

それから、私達は大規模な鶏のケージ飼いをしている養鶏場に行った。一匹一匹狭い囲いに入れられた鶏はほとんど身動きが出来ないような状態で、清子は「ニワトリが可哀相、可哀相」と連発していたが、下に落ちているいっぱいの鶏糞を見て、「あの鶏糞を肥料に持って帰りたい」としきりに言った。卵はもう集めてあったのか、産み落としたままのものが数個あったが、普通ならその卵の方を欲しいと思うだろうに彼女は鶏糞を欲しがったのである。大人の私でさえそんな気は起こらないのに、清子は変わった発想をする子だった。

帰り道は清子がまだ行ったことのない園内の東公園を通った。公園の池まで来ると、少しさかりを過ぎたとはいえ見事な肥後菖蒲が咲いていた。池の中の花が珍らしいのか清子は大仰に驚き喜んだ。

子ども達は上機嫌で大声を上げて歌いながら公園を進んだ。花園の前まで来ると、そこには立葵の花が色さまざまに咲いていた。私達はその目も覚めるばかりの美しさに感動して眺めていたが、しばらくたって愛子が「溜息が出るほど奇麗」とつぶやいた。幸子は即興の詩を作って「お花が咲いた。きれいに咲いた。赤、白、きいろ、とってもきれい」と、スキップをしながら歌った。美しいものを見ては素直に美しいと感じ喜ぶ彼女らの感性を私は大切にしていかなければならないと思った。最後に愛子が花の前で「今日は最高に幸せであった」と締め括った。

それから二、三日後のこと、学校からの帰途、清子が私に近寄ってきて唐突に、「先生は普通の人でしょ」と話しかけてきた。そしてたたみかけるように「どうしてここに居るの」と不思議そうに聞いた。私が「あなた達にお勉強教えるためよ」と答えると、「フーン、私はこんな所に来るとはちっとも思わなかった」とポツンと言った。

しばらく無言で歩いていると、突然、大粒の雨がパラパラと降ってきた。すると清子は「あら、雨」と言ったかと思うと、サッと道の脇の里芋畠に入って里芋の葉を取って頭に乗せた。後の三人の子ども達も次々に畠に走りこんで里芋の葉をちぎって頭に乗せたので、最後に私もそれに倣って芋の葉を頭に被って「青カッパ」と少し尻上りにおどけると、間髪を入れず容子が「屁のカッパ」と返した。その言葉のやりとりがおかしくて、みんなで「青カッパ、屁のカッパ」と繰り返すうちにリズムにのってきて、いつの間にか伴奏まで付いて、しまいには「青カッパ、屁のカッパ、ドンパッパ」と息の合った合唱となった。通りがかった女の人がこちらを見ておかしそうに笑われるとますます勢づいて、大小五匹のカッパの行進が桜並木の下を練り歩くことになってしまった。

思えばカッパ行進もその前の野の花取りも、もとはと言えば清子のその場の気転から始まったことだった。鶏糞を肥料として欲しがったことからも推測されるように彼女は農家で育っていて、家族的な労働の中で身につけた生きるための知恵を豊富に持っていた。

兄達とは大分年も離れていた清子は、たった一人の女の子として家族の中ではマスコット的な存在であったようだ。学校が休暇に入る時はいつも真っ先に家族が迎えに来られていた。それは兄だったり母親だったり親族も一緒だったりしたが、遠い山里から長時間かけて来られたはずなのに、いつも園に到着するやいなや迎えを待ち構えている清子を連れて引き返されるのだった。夏などはほんとに汗も乾かぬ間であった。

私は清子の思い出の中にもう一つ、その父親についての特別な記憶がある。それは私宛にいただいた手紙にまつわるものである。要点としては、夏休みも近づいたので娘の清子を帰省させたい。ついては母親を迎えに出し、帰りには自分が必ずそちらに送り届けるという旨の手紙であったが、その頃ではもうすっかり書かれなくなっていた候文で書かれていて、実に丁重極まるものであった。要を得た見事な文語体の手紙で、若い男の先生はそれを見てつい笑ってしまわれたが、私と脇坂先生はその真情溢れる見事な文体の手紙に感じ入ったのであった。

私は父親の手紙に感ずるところあったので、その返事として清子の近況を詳しく書いたものを帰省の際に持たせた。すると、一週間ばかりしてから今度は返事が来た。私が書いた手紙に感動したという文面のものであったが、その考え方や人柄が文面からも偲ばれ、子を思う切々たる親の心情が伝わって私の胸を強く打った。この父親とはその後、お会いすることができた。

子ども達にまつわる思い出はどの子にしても尽きるものではないが、次に清子が私と別れてから中学の時に私にくれた手紙を紹介しよう。

——先生お元気ですか、私も毎日毎日忙がしくてお手紙書かなくてゴメンチャイ。先生は小学校ですか、中学校ですか（ナンテ、へへ）。とし子姉ちゃん達は［邑久高校で］バレーやソフトボール等毎日して元気でいるそうです。先生も忙しいでしょうネ。清子達は期末テストがありまして、てんやわんやです。木村先生は、きびしいところがあり、でも本当はやさしくて、いいところがありますヨ。体育の時など、人数が足りないと言えば、けっこう出来るなんて言って、私たちが気にしないようにしているんですよ。［中略。先生を含めて全員の仇名や、それぞれが好きなタレントの名前などをいっぱい書いている］清子、学科では数学が一番好きヨ。愛子ちゃんは英語、幸子ちゃんは理科、容子ちゃんは国語ですヨ。みんな勉強勉強で気ちがいになりそうですヨ。本当ヨ。なんか書きにくいナー私は。こんな事、先生は面白くないかな。面白くないならゴメンチャイ。ゆるしてゴメン、ゴメンチャイネ。ククク、じゃあまたね。サヨナラ。［その先に今度はペン字で書き添えてある］先生もまたお手紙きっと下さいネ。まってますヨ。ダッドバイ。ほんとうにちょうだいよネ。おあそびに来てよネ。みんな大きくなったよ（清子だけ、ちがうけどねえ）。

日付が十二月八日となっているので、恐らく中学一年の暮れ頃ではなかったかと思う。さすがに小学校の頃よりも字はきれいに書けていた。私は、中学位の女の子達が書くごく普通の可愛らしい陽気な便りだと思いながらこの手紙を読んだ。

清子は中学卒業後、郷里に帰ったらしいが、今どうしているだろうか。お父さんもどうしておられるだろうか。

33　エス様をおもうから――容子のこと

私は昭和四十二年の正月、子宮筋腫の手術のために熊本市内の病院に約三週間入院した。欠勤中は学級の担任を常直のS先生にお願いし、補欠授業は毎日一人ずつ本校から希望される先生に来ていただくことになった。

容子が転入してきたのは私の入院と入れ替わりだった。分校主任の立田先生が、「可愛らしい子で幸子と同学年でよかった」と知らせて下さったのを私は病院のベッドの上で聞いたのである。

手術には四時間半かかった。術後、麻酔から覚めるか覚めないうちに私は夢を見た。それは教室の火鉢に子ども達があたっている夢で、その中に一人初めて見る子が居た。私はその子が新入りの容子だなと思って確めようと近寄ったが、子ども達はみんな私に背を向けて本か何かを一心に読んでいて振り向きもしない。私は「おはよう」と明るく言おうとしたが、声が出なかった。

とし子が少し不機嫌な顔をしてチラッと横顔を見せたが、完全に無視された。悦子も黙っている。せめて新入りの容子でもと思うのだが、容子もとうとう振り向かなかった。〝みんなで申し合せをしているのだなあ。容子までもうみんなとグルになっているのか。私が居ない間に子ども達はすっかり変わってしまった〟と暗澹とした気持ちで立っているところで夢は終わった。何とも侘しい夢であった。

数日後、ようやく抜糸して体がどうにか自由になったので、私は中食時を見計らって階下に下りて児童寮の子ども達に電話をした。「藤本先生から電話よ」という寮係のAさんの声が終わるか終わらぬうちにバタバタと走ってくる足音がして、とし子、信男、悦子、幸子が次々に電話口に出て思い思いのことを私に報告した。「今度は容子ちゃんに代わるよ」と促されて電話の向こうに出た容子の第一声は、「先生はどこの病院に居るの」であった。病院名を聞いてすぐにでもたずねてきたいような彼女の気持ちが伝わって来て、私はまだ会ったこともない容子が何とも愛おしく思われた。私はめいめいの報告を聞いて、やっぱりあの子等は前のままだった、容子もみんなと仲良くやっているようだと心和みながら二階の病室へ帰った。

それから退院するまで私は分校の職員室や児童寮の子ども達に何度か電話をした。職員室に電話をした時はちょうど当番で補欠授業に来ておられた本校のS先生が電話口に出られた。S先生は、「子ども達に〝本校の先生たち〟という題で作文を書かせたら、本校の先生のことよりも藤本先生のことばっかり書いている」と言って笑われた。

私がようやく元気になって学校に出勤すると、子ども達は待ち構えていたように代わる代わる私を見に来た。私が「本校の先生方が来られてよかったね」と言うと、とし子は「今日はどんな先生だろうか、明日はどんな先生だろうかと思って何か落着かないような気がした」と言ったが、誰先生がどんなことを教えて下さったか、名前も教科も全部覚えていた。

容子はとし子達の中にすでに溶けこんでいるようだった。彼女は私とあらためて初対面の挨拶を交わした後で、熊本に転校することが決まってから担任の先生から自宅に呼んでもらい、そこの男の子と一緒に御馳走を食べて大変楽しかったこと、また「なぜもっと早く、転校することを知らせてくれなかったか」と言って先生がしきりに別れを惜しまれたことなどを、あどけない顔をして私に話した。

容子は学校に馴れるに従って大変張り切って学習した。また、みんなで世話をした南瓜にやっと雌花が咲いたといっては一番に知らせに来た。彼女は物事の理解が早くて何事にも意欲的かつ積極的で、性格的にも勝気であった。

丹精の南瓜は雄花ばかりにて蔓の彼方に雌花咲くらし
校庭に入らむとすれば走り来て雌花咲きぬと容子は告ぐる
今朝咲きし雌花に人工受粉する子等の瞳のいきいきとして

さて、その容子が五年の夏休み明けに左腕の整形手術をすることになった。手術と聞いて容子の表情はかえって明るくなったように私には思えた。不安、恐怖も多分にあったとは思うが、子どもながらにもそうと決心したらかえって心が定まったのであろうか。

「先生、私は手術することに決まったよ」

「あら、そう。そんならなるだけ早くやった方がいい。でもあなたは、はっきり心を決めてほんとうに立派ね」

これは二人でテレビを見ながら交わした会話であるが、容子の横顔をそっと見てみると、彼女は口許をキュッと結んでテレビの画面に見入っていた。手術と聞けば大人でも心が動揺するのが普通なのに、かえって晴々とした顔をしている容子に私は彼女の決心のほどを知らされる思いであった。

容子はまだ幼かったが、私には彼女は自分の運命を自分で切り開いていこうとしているように思え、その健気な姿勢がいじらしかった。私は他の子ども達に容子が病気を早く治すために進んで手術を受ける決心をしたことを伝えて、その心構えを賛めた。

容子は手術が怖いとは一言も言わなかった。そればかりか、彼女は「怖い時は必ずエス様のことをおもうから怖くない。きっと守って下さることを信じているから」とまで言った。私はそのことばを聞いて、ああ、そうだったのかと合点がいく思いだった。彼女は園に転入する以前は宗教的な環境の中に居たのであろう。

九月の半ば、授業中に児童寮係のAさんから容子が手術室に入ったとの報せを受けた。私達が行ったところで力にはなれないだろうが、親も居ないところで手術を受けることは子どもにとってはどんなに心細かろうと思って、私達は二人でバタバタと病院に駈けつけた。

ドアにはめられた三十センチ四方位のガラスから手術室の中を覗くと、容子は局部麻酔のために目をはっきり見開いてベッドに横たわっていた。彼女は一瞬、こちらをチラッと見たが、やがて顔に覆いがかけられた。

手術の間中、容子は医師の質問等にははっきり答えていた。私はそんな気丈な容子がいとおしくて、廊下の長椅子にかけてみたり、ガラス越しに覗いてみたりして心落着かなかった。

ひたすらに神を恃みて手術する幼き容子を癒させ給へ

手術は一時間半ばかりで終わったが、開いた二の腕の病状は医師の予想より進んでいたようであった。容子は以後、抜糸と同時に指の整形手術、その後は右腕の切開手術、さらにまた右手指の整形手術をしなければならなかったが、彼女は当面は辛くても早く治療を受けてよくなりたい一心で耐えていた。

手術が終わって、ストレッチャーに乗せられて手術室を出てきた容子がにっこり微笑んで私達の前を通りすぎた時、私の目からは堰を切ったように涙が溢れ出てきた。

その夜、容子がどうしているか気になって、私は九時頃郵便局まで行って外科病棟に電話をしてみた。少々痛みはあったけれど今はよく眠っているという看護婦さんの答えに、私はホッとして家に帰った。

翌朝は出勤するとすぐに容子の病室を訪ねた。彼女は思ったより元気そうだったが、夜は眠れなくて二度痛み止めを飲んだと言った。

「先生、ゆうべはどこから電話したの」

「近くの郵便局からよ」

「どのくらい離れているの」

「そうね、この病棟から売店くらいまでかな」

容子とそういう会話を交して私は学校に戻った。

二度目の手術は二週後に行われた。前回はまことに立派な態度で手術に臨んだ容子も、さすがに二度目はずっと泣き通しだった。

手術室から出て来た時、ストレッチャーの上方肩のあたりに思いもかけぬ真っ赤なリンゴが一つ乗せられていた。容子が泣くので看護婦さんが下さったのかもしれなかったが、そのピカピカと光る真っ赤なリンゴはいつまでも私の脳裡に残った。その日は熊大からも先生が来ておられて他にも手術があっていたようで、容子は前回の時よりもはじめから緊張していたようであった。

その年の十月、恵楓園が現在地に開設されてから六十年になるという記念の式典の一環として、佐佐木愛主演「美しい人」が上演された。戦争のもつ歪みや残酷さ、また戦後の混乱と人心の動揺、ヤミの横行等を描き、正しく生きようとする人の美しさ、戦争は二度と起こしてはならないということを訴えた演劇で、佐佐木愛さんの大熱演であった。子ども達もその熱演を一生懸命に見た。上演が終わってから佐佐木さんを中にして子ども達と一緒に写真撮影をしたが、彼女は実に清楚な感じの人であった。

私は、「子ども達は今日の演劇を見て、つくづく戦争はいけないと思ったと言っています。いつも先生が戦争は嫌だと言っているけれど、その理由がよく分かったと言っています」と彼女に告げた。

佐佐木愛さんは次の熊本上演に際して、「恵楓園の子ども達が、戦争はいけないということがこの演劇を見てほんとうによく分かったと言ってくれたことで、私は俳優になった甲斐があった。こんなに嬉しいことはない」と、しみじみと述懐されたと聞いた。

翌日、演劇を見た感想文を書かせたら、皆それぞれに熱心に書いていた。中でも容子の感想は四百字詰七枚に亘る長いもので、彼女は感受性も強かったが事の是非善悪もよくわかる子であった。

容子は中学の三年から故郷の中学に転入するために退園した。そして三年転入待機中の春休みに私に手紙をよこしている。

かつて学校からの帰り道に私と腕を組んで結婚行進曲を口ずさみながら、結婚式には純白のウェディングドレスを着たいと言っていた容子であるが、その後の消息は知る由もない。私は今、彼女の幸せを切に希っている。

34 再会

分校で教えた子ども達はみなそれぞれに忘れ難い想い出を残してくれたが、中にはその後に再会したり消息を知り得た子も幾人かいる。

隆のこと

隆は年齢相応の無邪気さとちょっと背伸びしたような言動という二つの貌を併せ持つ子だったが、彼が邑久高校の頃にこんな手紙を寄せてくれている。

拝啓

久しく御無沙汰致して居ますが、先生には如何お過ごしでございますか。今こちらは連日雨が続いて居ます。今週から一学期の考査が始まります。元来暢気に出来ているのでしょうか、少しも勉強する気になれないので、これではいけないと思い自分ながら困り果てています。

今こうして先生にお手紙を書きつつ、小学生時代がほんとうに懐かしく思い出されます。来年は私も社会人、月日の経つのは早いものだと感じている次第です。(中略)近く衆議院選挙が行われるでしょうが、まだ選挙権が無いのが残念です。

現在ベトナムではニクソンによる無差別爆撃が行われていることは御承知かと思いますが、最近ソ連、中国の態度に私は失望と憤りを感ぜずにはいられません。先生、ソ連、中国は本当の社会主義国家なのでしょうか。小国は悲しいものです。国連で中国は決して大国にはならないと言っていた言葉が空しい。人間は正直でありたいものです。

小学校の頃、先生に対して私は宮沢賢治は偽善者だと反抗した事がありましたが、今では宮沢先生の書かれた本を読んで、彼の心に感服致しました。今では彼が私の最高の尊敬する人物です。

くだらない事をダラダラ書きました。ベトナムに平和を。そして先生の御健康を心から祈りつつ。

藤本先生　御前

さて、今でもはっきり覚えている。あれは平成元年の一月半ばのこと、その隆から突然に電話が入ったのである。

「先生、いま熊本に来ています。是非お会いしたいです」

懐かしい声であった。隆としては私に出て来てもらいたいようであったが、私は彼の声を聞いて気が動顚し、会いたいとは思いながらも寒い中、急いで身支度をして出かけるような早業は出来ないと思った。

「私は気ばかりあせって急いでそちらには行けないよ。あなたがこちらに来なさい」

そう言って私は家までの道順を隆に教えた。

はじめて来る所だから三、四十分くらいはかかるだろう。それなのに、私は受話器を置くが早いか表に出た。家の中でじっとして待っている気にはとてもなれなかったのである。家から出たり入ったりを繰り返していると、何度目かに隆が我が家より三十メートルくらいのところに立っているのを見た。私は「こっち、こっち」と大声を上げて手招いた。彼が私を認めて歩きかけると、私は急いで家に入り玄関の戸をあけて彼を坐って待った。

やがて隆が玄関にすらりと立ったのを見上げた途端、私は急にこみ上げてくるものがあった。顔を見ると開口一番、「あなたは、私の面倒をみると言ったでしょ」という言葉が飛び出した。すると隆は例のニッとした笑いを浮かべて、「ああ、俺子どもの頃、そんな生意気なこと先生に言ったもんな」と言ってちょっと首をすくめた。彼もあの時のことを確かに覚えていたのである。

二十数年振りの邂逅であった。かつての腕白少年が立派に成長した姿で来訪し、食事を共にしながらゆっくり談笑する機会を得たことを私は最高に楽しく幸せに思った。隆は邑久高校を卒業後、大学に進んだ。私はかつて所用で上京した折、夜の街などを歩きながら大学生になった隆にヒョッコリ呼び止められるようなことでもあったらどんなに嬉しかろうと、奇跡に近いようなことを独り想像したことが何度かあったが、今私の目前にその隆がいるのである。

二十数年前とは立場が逆転して、私は専ら隆の話を聞くばかりであった。隆は子どもの頃から関心のあった政治についての話はもちろんしたが、彼の口からは何度も柳田国男、折口信夫の名前が出て、私は彼が今は民俗学について強い関心を寄せていることを知った。さらに彼は近詠の短歌だというものを

三、四首私に見せてくれたが、子ども時代の彼しか知らない私にとってはちょっと意外な気がしないでもなかった。ともあれ、彼が成人した現在でも益々向学の閾《しきい》を広げて勉強していることを知って、私はいかにも隆らしいと思い、頼もしくも嬉しかった。

その日は全く思いもかけなかった邂逅で朝から夕方まで話は尽きず、私にとっては最高に満ち足りた一日となった。隆は帰り際に、最近の写真と言って男女四、五人の外国人と一緒に旅行先で撮った写真を一枚置いて帰った。

数日後、郷里に帰った隆からお礼の手紙とともに小包が届いたが、その中には「折口信夫と釈迢空」（池田弥三郎）「釈迢空 折口信夫の出発」（坪井洋文）「折口信夫と列島孤」（野口武徳）という私には少々難かしい小論のコピーも入っていた。また、同封の菓子は分校時代、彼が何度も私に話してくれた郷土色豊かな餅米の菓子で、彼にとっては懐かしい母親の愛情そのものの味だったのであろう。

幸子のこと

幸子と再会したのは別れてから十年ほど後、私が熊本市内のデパート前の停留所で帰りのバスを待っていた時であった。年末だったので停留所は大変混んでいた。私はベンチに腰掛けていたのだが、左前に立っている若い娘の後ろ姿を見てふと幸子ではないかと思った。まさかそんな所で会うはずもないのだが、なぜかその時はそう直感したのである。少し腰を浮かして斜め後ろからそっと覗いてみると確かに幸子だった。

私は腰かけ直して、いきなり彼女のお尻を平手でピシャリと叩いた。彼女は当然びっくりして後ろを振り向き、キッとした目で私を睨んだ。まわりの人達も一斉に驚きの目で私を見た。……と、振り向いた彼女のきつい顔が一瞬にして崩れた。これが降って湧いたような幸子との邂逅劇の一部始終である。

幸子は邑久高校を卒業後、恵楓園に帰っていた。その日は、停留所の近くの教会に洋裁を習いに行った帰りだったのである。ほどなくして幸子の乗るバスが来たので慌しい別れとなったが、私はバスを見送りながら、後ろ姿でとっさに幸子ではないかと思ったこと自体が何とも不思議でならなかった。

あの幼なかった幸子がねえ……と、私は娘ざかりになった幸子の姿をバスの中で思い返していた。そして先刻からの興奮が覚めると、肩でも優しく叩けばよかったのに若い娘が一番嫌がることを大勢の人の前でやってしまったことを後悔した。ふと気がつくと、バスはもう中心街をはるかに過ぎて八景水谷にさしかかるところであった。

それから五～六年を経てからであろうか、私は幸子が入所者の若い男性と結婚したと聞いた。

さらにそれから数年が経過したつい最近、恵楓園を訪問する機会があった時に私は思いきって園内から幸子に電話をかけてみた。幸子は「ちょうど今から夫と市内に車で出ようとしていたところで、もう少し先生の電話が遅かったら会えなかったでしょう」と言いながら、私の所に来た。二人でちょっと立ち話をして、私は園を出るところまで車に乗せてもらうことになった。私は幸子の夫と軽い初対面の挨拶を交わして車の後席に坐り、はじめて二人が一緒に並んだ姿を見た。頼もしい夫の背中を見ていると、手塩にかけた娘を委ねたような気がしてきて、ふと「幸子をよろしく頼みます」という言葉が口をついて出そうになって慌てて飲み込んだ。

幸子は、まだどこかに少女のような面影を残しながら、可愛い奥さんになっていた。子どもの頃しきりに気にしていた頭髪も今ではすっかり美しくなっていた。バス停で思いがけなく再会してからでも十数年、その年月の間に彼女はさらにいろいろの経験を重ねたことだろうと私は思った。

ふと気がつくと、前の二人はごく自然な感じの睦まじい雰囲気であった。私は二人の後ろ姿を見ながら、この若いカップルがこれから乗り越えなければならない試練、切り開いて進まなければならない道を独り思い続けた。

信男のこと

現在、恵楓園にはかつての私の教え子は幸子の他にもう一人、信男がいる。信男と再会したのは今から四年ほど前、私が清香会（熊本県立第一高校同窓会）の支部会の集いで恵楓園を訪れた時だった。当時、由布園長は第一高校のＰＴＡ会長をされていて、名誉園長の熊丸先生の奥様も同窓生である。そんなゆかりもあって園を訪問し、入所者の方々の実態に少しでも触れようとして企画されたものだった。

私はその日に幸子と信男に是非会いたいと思い、連絡をとってもらった。幸子は都合がつかなかったが、信男には当日、正門の前で待っていてもらうことになった。信男とは別れて以来、一度も会っていない。それこそ二十年振りの再会である。

その日、私は友達と一緒だったので変な近道をしたりしてかえってひまどり、約束の時間に大分遅れてしまった。ようやく門の近くまで来た時は、それらしい人影はもう見えなかった。約束の時間に遅れたのは私の方であり、あきらめようと思った時に自転車に乗って近づいてくる男性がいたので呼び止めたら、なんとそれが信男だった。信男は私を待ちあぐねて帰りかけていたところだったのである。

自転車を下りた信男を見るなり、私は思わず瞼が熱くなった。信男は幼い頃の面影を残したまま、立派な青年になっていた。私は前夜から、信男は来てくれるだろうか、大勢の人の前には出てこないのではないだろうかと案じ続けていた。しかし、信男はまぎれもなく私の目の前にいた。私は嬉しくて、まわりにいた五、六人の同窓生に「私のかつての生徒です。こんなに成長しました」と紹介した。私は唯々なつかしく、愛しい思いがこみ上げてきて、それから信男と何を話したかは今となっては全く憶えていない。彼はちょっと俯き加減に立っていた。

間もなく一同は本館に入ったので信男とはそこで別れた。束の間の再会であったが、彼に会えただけでも来た甲斐があったと私は思った。

信男は素直で、心優しい少年だった。可愛がっていた犬の登録代や駆虫薬代のために彼は月々支給される小遣いを惜し気もなく使った。みんなで飼っていた兎のための草集めも彼が一番熱心にやった……。私の脳裡には過ぎた日の事が走馬灯のよう浮かんでは消えた。

その後、最近になってであるが、信男が園内の自治活動やサークル活動で意欲的に働いているようなことを耳にして私はほんとうに嬉しかった。まだ若者ともいえる信男のような年代の者にとって現在の環境での日常は心充たされぬ毎日かもしれないが、そのように何か一生懸命になれることを見つけて、それを手懸りに自分から動き出していって欲しいと、私は今切に希っている。

「自分達のことは誰にもわからん」

「自分達の病気のことは誰も本当のことは言わんもんな」

私は恵楓園分校に赴任するまでは療養者に特別の思いを寄せたことはなく、何の予備知識も持たずに十六年ぶりの教壇に立った。赴任したその日、不安と緊張の中で六年の一男がヒョロッと口にした右の言葉を聞いた時、何と救いのない言葉だろうかと思った。彼が言う誰もとは言うまでもなく一般社会の人達であり、みんなが自分達に対して対等に胸襟を開いてつき合ってはくれないことを指していると私は解釈した。子どもながらに自分達ハンセン病患者に向けられる偏見と差別とを強く意識して自《おのず》から言わせたこの言葉は、聞き捨てにしてしまってよいものではないと私は思った。

確かに社会はハンセン病患者を差別し続けてきた。法制定以来約九十年に亘る長い期間、国はこの人達をがんじがらめの法律で束縛した。殊にその強制隔離政策は異常なほどに国民の恐怖心を煽り、偏見と差別を増幅させ、患者と一般社会の間に先の一男の言葉に象徴されるように目には見えない壁まで築いたのであった。

平成八年三月の「らい予防法」廃止によって、入所者の人達はようやく法律による長い呪縛から解放されて、希求し続けた「人間回復」の道に光が当てられた。遅すぎたとはいえ確かに明るい光であり、実によろこばしいことである。しかし、真の人権救済はこれからの課題である。なぜなら、「法」は撤廃されたとはいえ、長年の強制隔離政策によって私達の間に築かれた「見えない壁」は未だとり壊されてはいないからである。これまで国民の大多数はこの問題に無知、無関心だったが「壁」だけは厳然として存続してきたというのが現状ではあるまいか。私にはこの事実こそが、撲滅の対象とされた病気をそれを患う人ごと絶対隔離に追いこんだ施策が必然的にもたらしたものだと思えてならない。

私がこの回想の中でとりあげた恵楓園ではこの「壁」をとり除くべく、四、五年前から積極的な地域への啓発活動が取り組まれてきた。最初は学生や地域の住民の慰問から始まった活動は、入所者と地域社会の交流へと進み、園外行事への招待やスポーツの交流試合、さらには小、中、高校生やママさんコーラス等による度々の演奏会などという形で相互理解を深め合う機会が着々とつくられるようになり、それにつれて一部ではあるが古里への里帰りも実現していると聞く。

人間は誰もが苦しみを背負いながら生きていく。しかし、人として生まれたからには生きる甲斐のある人生でなければならないし、それを保障する社会を築き上げなければならない。私は、今後は社会と元ハンセン病患者とが力を合わせて、かつての「厚い壁」をとり除くためにあらゆる手段を用いて活動を展開しなければならないといま思っている。

ハンセン病――もう病気としてはすでに過去のものとなってしまったこの病いを、私達の心の中で克服するために。

菊池恵楓園における学校教育について

熊丸　茂

分校について

明治四十二年四月、九州癩療養所が開所して間もなく、入園者の読書、習字などの学習活動が寺小屋式に始まった。これは、初め入所者の対象が社会的に下層生活患者を主としていて教育程度の低い者が多かったためである（明治四十四年三月、百三十五名中文盲者六十三名）。その活動の成果で修学を希望する者が増加した。その後成人向けに英語、裁縫（女性）などの講習も行われるようになった。

明治、大正、昭和初期にはまだ若年齢層の発病が多く、子供達の教育が重要な課題であった。そしてその緒についたのは昭和六年に療養所内に学校兼図書室の新築が行われ、檜小学校と命名されたものが出来た時である。

児童の将来にかかわることだけに学校教育は甚だ重要な意味を持っていたし、戦後特に新しい教育制度が発足してからは一般社会の教育と同じ教育がなされるべきであるとする教育の機会均等が強く要望された。これに応えて昭和二十四年一月、学校令に基づいて合志中学校、栄小学校の園内分校設置が認可され四月一日をもって開校、教育管理は本校の中学校長、小学校長が行うことになり、ここにようやく義務教育を受けることが出来るようになったのである。入所児童数は昭和三十年頃にピークを迎え、約七十五名が園内分校で中学、小学課程の教育を受けており、これら児童のために男子児童寮、女子児童寮の二棟が居住棟として建てられていた。その後罹患児童の減少と共に生徒数も年々減少し、昭和四十六年に小学生はゼロ、昭和五十年に中学生もゼロとなり、五十一年三月に休校措置がとられ、爾後の該当児童の皆無を見届けてその後閉校となった。

学校教育はもちろん文部省の管轄で行われたが、教育以外の児童達の日常療養生活はすべて恵楓園当局の管理下に置かれていた。

学校の地理的な位置は、園敷地の西北部、本文中にある「厚い壁」に接したところにあり、狭いながらも運動場も設けられ、その近くに児童寮が設置されていた。学校が閉校になってから校舎は入園者の絵画クラブやアマチュア無線クラブの部屋として使われていたが、頓に老朽化したため取り壊されてしまい、現在はいこいの丘公園として入園者のやすらぎの場となっている。

当時行われていた治療

ハンセン病に対しては当時既にプロミン*の時代であったが、それ以外にもＤＤＳ及びその誘導体、チオ尿素誘導体、ストレプトマイシン、カナマイシンなどが使われていた。ハンセン病の病型によって治療の方法は異なるが、薬剤としては主に上記のものが使用された。昭和四十七年以降には画期的な治療剤としてリファンピシンが使用され、クロファジミンとともにハンセン病の治癒に大きな役割を果した。これは今なお第一選択の治療剤として現在に至っている。

ハンセン病には神経痛が屢々起こり、その激烈な痛みは患者を苦しめるのみならず、運動神経が同時に侵されるとそれによって顔面、四肢の筋肉麻痺が起こり、その結果その部の変形を生じるに至る。もちろんそれによって高度の機能障害も起こる。従ってハンセン病そのものの治療と並んでこのような合併症の治療管理にも細心の注意が払われた。また病型によっては眼、鼻、咽喉などにも直接病巣が生じ色々な障害を起こすことも多かった。既にこうした合併症を有していた児童を記憶している。不幸にもその後の経過中に失明に至った人もいる。

固定してしまった四肢の変形には当時から既に機能的な形成手術（機能再建手術）も行われ、日常生活が少しでも楽になるように努力が払われていた。

＊一九四一年アメリカでハンセン病の治療に有効との報告があったが、戦時中の、しかも敵国におけることであったのでその事実は戦後になって判明し、国内では少数ながら一九四八年頃から使用され始めて著効を見、国内での生産も始まり広く普及した。当時としては画期的な特効薬で、静脈注射で用いられた。その後プロミンの化学的母体であるＤＤＳという簡単な構造の薬が同じ効果を現し、しかも内服でありコストも安いということでプロミンにとって替わり現在に至っている。

高校教育と社会復帰

園内の中学校を卒業して直ちに社会復帰した者は少ない。復帰後社会で独立して生計を立てるためにはそれ相応の教育と教養を身につける必要があり、多くの少年少女が社会復帰への希望に胸をときめかして高校進学を志した。

昭和二十八年のらい予防法改正で療養所内でも高等学校教育が受けられるようになった。これを踏まえて全国でただ一ヵ所、岡山県の長島愛生園内にハンセン病患者のための高校課程が新設され、新良田教室と命名された。長島愛園内に設置されたのは、地理的中心に近いということと、近くの二つの療養所を合わせるとその入園者数が全療養所入園者数の三分の一を占めるという理由からである。これは岡山県立邑久高校の分校で、教師には県立高校の教師が任命されて教育の任に当たった。

第一回の入学は昭和三十年九月で、全国の療養所から入学を希望する少年少女が多くかなりの狭き門であった。新良田教室は昭和三十八年、卒業生三十一名でピークを迎え、以後は各療養所内の児童の減少に並行して減少し、昭和六十二年、最後の卒業生一名をもってその幕を閉じ、閉校となった。

この間、恵楓園合志中学分校から新良田教室へは四十七名が進学し、卒業後社会へ復帰した人は三十一名、病気の悪化やその他の理由で恵楓園に戻った人が十六名である。また一旦社会復帰はしたが病状の悪化で園に帰ってきた人も数名いる。まだ若い年齢にもかかわらず不幸にも亡くなった人も数名判明している。社会復帰した人はそれぞれ自らの力で生計を立てていると思われるが、その消息は不明のことが多い。これは新しく築いた家庭のためではなかろうか。結婚して配偶者に自らの病気のことを隠している人も多いであろうし、また子供の将来のことを考えてのことでもあろう。予防法が廃止されたとはいえ、残念ながらまだまだ世間の壁は厚いのである。

新良田教室は全国的に見てその全期間の入学者三百六十九名、卒業生三百七名であるが、卒業出来なかった六十二名の大部分は病気の悪化のためと思われる。プロミンなどが使用されてはいたが昭和五十年頃までは病気の再燃もまだ多かったのである。

卒業生のうち社会復帰者は二百二十五名、帰園者は八十二名である。復帰者の職業は会社員が多く(五六パーセント)、ついで自営業、医療関係、公務員などであるが、更に詳細に記すと教師、看護婦、作家、デザイナー、医師、実業家、検事、牧師などで、社会の各分野に広がっていてそれぞれ社会に貢献している。新良田教室の果たした役割は偉大である。

(菊池恵楓園名誉園長)

付

わが家の庭で

梅の花咲き初むる日のときめきに今年も在りて生命愛《かな》しむ

わが家の樹齢七十年ばかりの梅の大木は、隣近所のものよりも早く真っ先に咲き始める。座敷の縁から二十メートルほど離れた位置の真向いに見上げるその大木にチラホラと開いた白い花をはじめて見出した時の喜び、寒く冷たい冬にじっと耐えて漸く身も心も解き放される待望の春ももう近いと思う時の胸のときめくような感動を私は年毎に新しく繰り返すのである。その頃になると梅の木の根元には霜の中に早くも蕗の薹が二つ三つ覗いていて、まだ霜は強いながらも何となく日の光は日毎に柔らいでいく。

この白梅にやや遅れて、これも樹齢七十年を越えるわが家のピンクの枝垂梅がほころび始めると、それを機に私は見頃を心得ている隣部落の枝垂梅をまるで旅人のようにゆっくりと眺めて歩く。これはいつのまにか私一人の年中行事となってしまった。また、時季はもっと遅れるが、エビネ蘭の頃にもやはり隣部落の園芸家を訪ねて、可憐で気品のあるエビネの花の姿に見惚れて時を忘れる。そして夜は床についてからも尚、昼間見た花達の姿と香りをまざまざと思い起すのである。

何の変哲もないわが家の庭にも春夏秋冬自然の恵みは限りなく注がれて、三月ともなれば連翹が咲き初め、追いかけるようにして雪柳が咲く。いずれも枝垂れて、微かな風にもさ揺らぐ優しいその姿は譬えようもない。

雪柳　恣《ほしいまま》なる穂をなして真日《まひ》に耀《かがよ》ひ揺れ止まぬかも
小夜更けて闇にもしるく雪柳夜の精のごとひそまりてあり

私は、夜は夜の姿態で闇の中に白くこんもりとひそまる雪柳の花の前にまた佇ちつくすのである。連翹・雪柳がまだまだ美しい季《とき》に加えて、蘇芳がまた赤紫の華やぎを添える。黄・白・赤紫とそのコントラストの妙は朝夕に私を愉しませ、一年の中でも大好きな風景である。

いつのまにかあわただしく桜の花も散り果てて、気が付けば既に若芽の匂やかな季節となっている。裏の竹山の筍もやがて終りに近づき、竹にしないものを掘りあげて塩漬けなどの仕事に時を過しているうちに、今年の竹もすくすくとその爽かな青肌を匂わせるようになり、はや五月の下旬ともなれば菖蒲の花の先ず白から咲き初め、やがてわが家は肥後菖蒲が庭一面を彩る。もう数十年も前からのもの、毎年買い加えた新しい品種、とりどりに目も鮮やかに朝露に濡れて咲き競う肥後菖蒲の季に到っては、私の心はもう喜びの極に達する。丹精こめて育てた朝露に濡れる花々を、朝早く誰に気兼ねすることもなく溢れるばかり仏前に供華できるのである。その頃にはちょうど白百合も咲き、生き生きとした花たちの多彩な色と香りがどの部屋にも満ちて、その優しい香りの中に眠り、また目を覚ます。

さて、あの一抱えに余る梅の大木が実を結ぶと例年一本で一石以上もの収穫があり、その仕末に私は大変な労働を強いられることになる。その実が美しく、しかも美味だと評判の梅はわが家には二、三斗を残して残りは梅ちぎりにきてくれた二家族に配ける。うず高い青梅の山をそれぞれに持って行ってもらうと私は正直言ってホッとするものの、その後二、三日は独りで塩漬け、焼酎漬け、梅食酢、ジュース作りと、母屋と裏の小屋の間を大きな甕を運んだり石臼を抱えたりして行ったり来たりしてクタクタに疲れる。それから後も何遍も手を真紅に染めて紫蘇を揉み幾多の労作を経てやっと紫蘇の香りも豊かに真紅に染め上った梅干を見る時の喜び。そこここに配り喜こんでもらえることを思えばこれもまた愉しい。しかしまた、梅の大木があるばかりに毎年大変な労働をしなければならないし、いつまで出来るかしら、などとフッと思ったりもするのである。

新暦のお盆を過ぎる頃になると、それまで次から次と花に明け暮れたわが家の庭も急に淋しくなり、グラジオラスの咲き残りやダリアやイギリスショウブなどの目立たない花がチラホラと残るくらいで、朝の供華の花もあれこれと庭を行ったり来たりして見集めるようになってしまう。やがて裏山の緑陰に蟬が鳴き立てる頃になれば私の丹精の茄子も朝露に濡れながら日増しに色を深めていき、木陰の茗荷竹の根元には朝毎に黄色い花が立ち匂うのである。

裏山をどよもして鳴く蟬の声今日を限りと鳴くにやあらむ

今年の蟬はひとしきり烈しく鳴き立てたが長くは続かなかった。八月の初旬には早くも法師蟬の声を聞いた。いつもなら八月も終りに近い頃に聞くのであるが、この法師蟬の鳴く声を聞けば何となくもの悲しくなってくる。殊に夕暮れに近くの庭木に来てせわしく鳴き立てられると、私の惜夏の情などにかかわりもなく流れ去る時を今更のように名残り惜しく思うのである。

夕まけてつくつく法師しき鳴けば追はるるごとく物縫ひ急ぐ

今年は秋の虫の声も早かった。八月の十日すぎには庭の隅にもうツヅレサセコオロギの声を聞いた。暑い暑いと言い暮らすうちに朝冷えしたりする日もあるようになると、座敷の前の白萩がチラホラと咲き始める。次第にそれは穂のように垂れ下り、こんもりと盛り上って撓《たお》やかに初秋の風になびく。

白萩の散るかと見えし昼の蝶われと蝶とのみのたまゆら

真昼間ひとり縁先から庭を眺めていると、白萩にたわむれる白い蝶を私はまるで白萩がこぼれ落ちるのかと見紛う。蝶は花の上にしばし羽を休め、またその撓みにわけ入る。ひっそりと何の物音も聞こえない真昼間のひととき、無心に花にたわむれる白い蝶を目で追っているうちに、私はいつのまにかうつつともなく幽玄の世界へと誘いこまれるのである。

秋の彼岸が近まれば、決まって真っ赤な彼岸花が垣の根元にズラリと立ち並ぶ。欺き欺かれる事の多い世に、この花だけは毎年約束のように咲き揃う。その律気さに感じ入っているうちに、私はつい忘れていた諸々の行事を思い出したりする。秋野菜の種播きも私の大事な行事のひとつであり、例年この頃を目安にその準備にとりかかるのである。

秋野菜植えむと耕す背に触れて残り穂紫蘇の匂ひこぼるる

自分で食べるより他所に上げるのが多いかも知れないけれど、私はこの頃結構愉しみながら野菜作りに数日を費す。やっと青い芽が出揃うと灌水や間引きで行ったり来たりして、菜園の畝間はいつしか小径のようになってしまう。

間引菜を揃ふるかたへ韮の花銀簪《かんざし》のごと輝やきゆるる

はや秋風がサラサラと立ち初めてわが秋野菜も順調に育ちゆくころ、どこからともなく木犀の香が漂い出したかと思うとわが家の庭の金木犀も咲き出して、やがてはかすかな風にもしきりに匂いこぼれてまるで金の小砂を播いたような円座を作り、ついつい私は掃く事をためらうのである。

玻璃戸《はりど》に透きて金雨かと見きひそやかに木犀の花の散りて彩《あや》なす

何の技巧もない自然のままのわが家の庭の花々はそれぞれに自らそれなりの位置を占めてはいるものの、ときに肥後菖蒲の中に鶏頭が紛れ出たりもするが私は邪魔ものとして引き抜いて捨てるに忍びない。今年はまた私の背丈をはるかに上回る大蓼が数本育った。蓼は夏の終り頃から愛らしいピンクの穂を次第に長く垂らすので結構供華の花になり、花籠に挿せばまた部屋にひとつの風情を添えるのである。

わが家には盆栽というものは一鉢もない。でも菊の季節ともなれば露地ものの菊が咲き競う。菊は見る事は大好きでも大輪の見事な花は私の手の届くものではなく、みんな供華の花にいい小菊ばかり。これらの菊が花は終ってもなおほのかに残り香を保ちながらも霜枯れて、それらの整理を終るとわが家の庭も冬のたたずまいとなる。たちばなもどき、千両、万両が色づいて、うら枯れてひっそりとなりゆく庭に鮮やかな色どりを添える。

水槽の水が毎朝凍るようになり、周囲の木々が殆ど裸木となって孤独の影を曳きながら木枯しに耐える頃には、庭の隅では一日中霜柱が光り、きびしい寒のさなかとなる。裏の菜園に続く竹林には霙まじりの寒風が吹いて終日ザワザワと騒ぐ日もあり、阿蘇連山に雪が積もれば夕暮時には竹林は急に冷えわたり、やがてひっそりと夜の闇に包まれる。

阿蘇連山に雪残りゐて霙降る今宵小笹のさやぎて止まず

遠阿蘇の雪翳りつつ冷えゆけば竹林は夜の静寂に入る

さらに大雪に見舞われると竹は深々と雪を被《かず》き、皆一様に黙してうな垂れ撓みその重みにじっと耐える。しかしやがて烈しい音とともに自らの力で大雪を払い落とすと、それまで撓んでいたとは思えぬほどの速さで一斉に競い立つ青竹の旺んな姿はまた見事である。雪の中、竹の根元に藪柑子・百両・万両などの真っ赤な実が点々と覗くさまも愛らしいものである。

自然の恵みは春夏秋冬に亘ってわが家の庭にも惜しみなく注がれ、それぞれに趣を添える。私は花の盛りを喜び、散ればまた必然の摂理として諾いながら今日に到った。自然は一日として明けない夜はなく、花開かぬ春もなく、紅葉せぬ秋もなかった。その確かにして大いなる営みの中に抱かれて、生あるもののすべてはそれぞれの生命を全うし、子々孫々まで生命を残し続けてきた。木槿《むくげ》やもみじ葵のようにたとえ一日の生命しかない花でも自分の短い生命を諾いその一日を生命の限りに咲いて終っていく。私は、私をめぐる四季折々の植物の精一杯の営みのさまにしみじみと心打たれるのである。

もみじ葵の朱《あけ》のうつろひゆく宵やわれは一日《ひとひ》を何に努めし

（「舫船」第三十四号、一九八七年十一月）

夏の終りに

松葉ぼたんの種納むればさらさらと微粒子は夏の名残りの音す

目も眩むばかりの炎熱の日々を真紅に、また鮮やかな黄に朱にと毎日休むことなく咲き続けて私を楽しませ、時には道行く人も立ち止まらせた可憐ながらも芯の強い花。今私はこの松葉ぼたんの輝くばかりの微粒子を小さな紙袋に仕舞う。種はさらさらとかすかな音を立てて、烈しかった夏の日の残り香を漂わせながら私の指の間からこぼれる。清しく愛しいこの小さな生命を来春まで預るために「松葉ぼたんの種」と袋に記す。

また、夕方になればあたかも息づくかのように優しく匂い立つ白粉花も、今はまだ残り花を咲かせながらも次第に実となって、真っ黒のつぶらな実をポロポロとこぼしては母なる土に還り、来年は何の不思議さもなく確かに新しい生命となって芽ぶく。

ひと夏を生きし証の黒き実を触るればこぼす白粉花は

それは踏まれても耕されても何のかかわりもなく、いつの間にか芽生え花を咲かせてこの窓辺にもう十年余りも匂い続けているのである。

また、道の辺の雑草の夏の終りから秋にかけての実りのときの、目を瞠るばかりの逞しさはどうであろう。その根をしっかと地に張って這い茂り、その茎や葉の色まで鮮やかに色づくスベリヒユや、オヒシバ、メヒシバ、チカラシバなどの、それはすさまじいほどの勁さ雄々しさ。また、ふらりと高く伸びてその茎に見合わぬ程の大きい穂をつけて、一日中をとゆれかくゆれして一見のどかとも見えるエノコログサも、あの剛毛の陰には新しい生命となる種を確かに育てているのである。ヤブジラミ・水引草・イノコヅチなどに到っては、さらに人畜に執拗に絡み着いてまで子孫の永久的生存を計ろうとする。河原などに咲いた宵待草などはその種を川の水に流されて運ばれ着いたところに根付いて茂ったりもする。そのほかタンポポのように軽やかな姿となって風に送られるもの……。その経路はさまざまであっても、これらの生命はすべて母なる大地に安らかに抱かれて眠る。

私は、これら植物達の終ろうとする実りのときの気圧《けお》されるばかりの逞ましい華やぎをしとどなる朝露の光の中に見る時、哀れさ愛しさというよりも一瞬衿を正さねばならぬような厳粛な気持ちにならざるを得ない。それは滅びることはまさに生きることであるという証をこの目で確かに感じるからである。

（「舫船」第二十二号、一九八四年十一月）

あとがき

私は国立療養所菊池恵楓園のある町に住んでいながら、療養所の子どもたちと巡り合うまでは、正直言って入所者であるハンセン病患者（正確にはそのほとんどが元患者）の方々に対していわれなき偏見と差別の感情を抱いていた。これは私ばかりでなく、ハンセン病を知る者のほとんどがそうであった。けれども、なぜこの方達が世に疎まれ差別されるのかということを深く考えようともせず過ぎてきたのであった。

縁あって恵楓園分校の教師となってからは、社会の子どもたちと何ら変わらない自分の生徒が無心に遊んでいるかと思うと時にフッと淋しい横顔を見せるにつけ、彼ら一人一人の胸の奥に潜む深い悲しみを思いやらずにはいられなかった。病気であるがゆえに幼なくして親元から離されて、千数百人が生活する広大なハンセン病療養所のかたすみで、社会の偏見と差別とに耐えながら子どもながらに精いっぱい自分を支えている姿が私には実に不憫で愛おしかった。そんな子どもたちとのあるがままの日々を十年間の在職中に書き留めた手記は大学ノート五冊におよんだ。

その後職を辞して十余年を経た昭和六十三年から、このノートをもとにして同人誌『舫船《もやいぶね》』（季刊、永田日出男氏主宰）に回想を発表してきたのであるが、その連載がちょうど中程まできた平成四年十二月に不知火書房の米本慎一さんから一冊の本に纏めないかとのお誘いをいただいた。しかし、回想に登場するかつての子どもたちは今や四十歳前後の働きざかり、しかもまだまだ前途ある年齢である。同人誌には書いたものの、単行本となってより広く読まれることになると、過去のことを知られたくない彼らに迷惑がかかりはしないかということが一番に頭に浮んだ。また、幼い頃のこととはいえ、プライバシーの問題もある。それに『舫船』の連載はまだ予定の半分までしか進んでおらず、これらのことを勘案して、折角のお話ではあったがその時は固くお断りした。

それから三年余りたった平成八年二月、米本さんから再度お話があった。私は決めかねて、恵楓園の方たちのお考えも聞いてみたいと園を訪れた。その日、恵楓園入所者自治会ではちょうど会議中で、由布雅夫園長をはじめ、河岸渉入所者自治会長や幹部の方々にお会いすることが出来た。明るく和やかな雰囲気の会議であった。いろいろお話を伺ううちに私の懸念は一掃され、むしろ力をえて帰途についたのであった。

その頃、「らい予防法」廃止に向けて各マスコミは一斉に報道を開始して社会の人達の啓発に努めていた。そして四月、ついにその法律は廃止され、入所者の方達が切望してやまなかった「人間回復」への道がようやく開かれた。とはいえ、この病気の人達が今まで九十年の長きにわたって歩かれた歴史を、私たちは決して忘れてはならない。また、幼くして心ならずも故郷を離れ、隔離された療養所のかたすみで言挙げする術さえ知らずに毎日を精いっぱい生きた子どもたちがいたことは、記録として書き残しておかなければならないと強く思うようになった。それがたとえ微力であっても、これから先この方達と私達とが互いに魂の触れ合う温かい交流へと発展するための一助ともなれればと思い、その願いをこめて私は出版の決意をしたのであった。

本の上梓に際しては、同郷の方でもある映画監督の中山節夫さん（黒髪小学校事件を扱った「あつい壁」、全国十五の療養所の入所者の証言を集めた近作「見えない壁を越えて」、阿蘇の分校を舞台にした「原野の子ら」等の作品がある）、恵楓園療養所名誉園長の熊丸茂先生にはご多忙の中に快く玉稿を賜わり、恵楓園園長由布雅夫先生には実に力強い励ましのお言葉をいただいた。

『舫船』主宰の永田日出男さんは九年間の連載中、終始にわたってご指導をいただいた恩人であり、今回の上梓についても細かいお心遣いをいただいた。また『舫船』の会員である宮崎静夫画伯には連載中、長期間にわたってご協力をいただきた。

回想記連載の九年間はまことに長く、とりわけ出版を決意してからの一年余は一日として心安まることのない日々であった。この間縁戚の若い者達は早々に「励ます会」を開いてくれ、その中の一人窪田隆穂さん（熊本日日新聞記者）は力強く支援をしてくれ、その友人の木村聖哉さん（編集ジャーナリスト、東京在住）からはまことに懇切なご助言をいただいた。また、『舫船』会員をはじめ、地元の方々、友人ほか多くの方々からも大変なご支援をいただいたが、刊行の遅れによってご迷惑をおかけしてしまい恐縮している。

思えば、亡夫藤本が生前教育者としてその道に尽瘁しながらも思い未だ半ばにして四十六歳の若さで世を去ったことは実に嘆かわしいことであった。しかし、そのために私は恵楓園の子どもたちと巡り合い教師として以後十年の歳月を過ごすことになったのであるが、今年八十歳を迎えた私の生涯の中でこの時ほど深い思いの中で過ごした貴重な時期はなかった。

恵楓園の子どもたちが日常さりげなく見せる言動から、また長年この療養所に暮らさざるをえない入所者の方達の様子を垣間見るにつけても、私はこの方達がごくあたり前の一人の人間として、あたり前に生きることが出来ない無念さ、切なさはいかばかりかと思った。人間の生命、基本的な人権は何人といえども侵すことは出来ないはずのものである。山川草木なべてこの世に生を受けたものたちへの愛しさ、生命の尊さ、ひたすらに生きようとするものの健気さを、私はこの子らのありのままの姿から、また子どもたちが心をこめて育て上げた生き物の必然の姿から学んだ。

当時の子どもたちはまだまだ心幼なく、世のすべての人から愛されて、溢れるばかりの愛情で包んで欲しかったであろうが、彼らのごく身近にいた私の力はあまりにも微力で、私が彼らに寄せる思いはあるいは私の片思いにしか過ぎなかったかもしれない。しかし、ともあれ私は夫亡き後に彼らと過した十年の歳月が懐かしく、今もなお忘れ難いのである。

文中に登場する子どもたちの名前はすべて仮名とした。現在社会人として生活しているかつての子どもたちの最近の様子はほとんど分らないので、私は未だに幼なかった日の面影を胸に描きながら、どうか元気でいてほしい、幸せであってほしい、これからも胸を張って歩いていってほしいと希ってやまない。文中つい筆が走り過ぎたところがあるかも知れないが、どうかお赦しを乞いたい。

なお、上梓に際して終始熱心に校正していただいた米本さんのご厚情と、印刷の労をとってくださった方々にも深くお礼を申し上げたい。

あとがきを終るにあたり、最後に今もなおその面影を忘れることの出来ない、いとしい子らに贈るうた一首。

わが想ひ極まるところただ一つ愛しき子らに恙《つつが》あらすな

平成九年三月　桜咲くころに

藤本フサコ

ハンセン病をめぐる私的な思い出

木村　聖哉

『忘れえぬ子どもたち』は一九六二（昭和三七）年から足掛け十年、熊本県合志小学校恵楓園分校に勤務した女教師の回想記である。

著者の藤本フサコさんは戦前も小学校の教師をしていたが、敗戦後に退職。夫の死後また復職し、菊池恵楓園内にある分校でハンセン病の子どもたちを教えることになった。その時四十代半ばだったという。

分校では教師は一人、生徒は数人で、複式学級による授業が行われた。教育熱心な教師と感受性の強い生徒のやりとりは率直で、「魂の触れ合い」がここにはある。

生徒は互いにいたわり合い、いじめなどはない。のどかな時代の回想記で、日々成長する子どものたちの姿を生き生きと活写し、卒業後の交流にも触れている。

すっきりした達意の文章で、四季折々の園内の草花など自然描写も見事である。それぞれのエッセイには日々の出来事や思いを記した短歌が挿入されているが、それが素朴ですがすがしい。

当時はハンセン病に対する偏見・差別がまだ根強く残っていた時代で、「厚い壁」の中の恵楓園の子どもたちは社会から隔離され、全く忘れられた存在だった。

それが一九九六（平成八）年患者自治会等の強い要請により「らい予防法」が廃止され、突然「ハンセン病問題」がクローズアップされる。本書が刊行されたのはその翌年の一九九七年で、患者の子どもたちにも一条の光が当たるようになった。

＊

私は一九五九（昭和三四）年三月、熊本県立済々黌高校を卒業したのだが、在学中ハンセン病については全く無知で無関心だった。大学四年の時、たまたま鶴見俊輔教授からハンセン病元患者の知人が東京のＹＭＣＡで宿泊を拒否されたという話を直接聞き、ハンセン病の存在と差別を初めて知った。

それ以後ハンセン病に対する意識が徐々に高まり、講演を聞いたり、いろいろな本を読んだりした。その中の一冊が藤本とし著『地面の底がぬけたんです』（一九七四年刊、思想の科学社）だった。

この本は私の友人だった那須正尚が編集を担当、大変苦労して作り上げたことを知っていた。中身は藤本としの随筆と彼女への聞き書きで構成され、ハンセン病患者の苦難の生涯が克明に描かれた感動的な本であった。

それから二十数年が経ち、私はひとり芝居をやっている結純子という役者と知り合った。

ある日結さんから「ひとり芝居になるような話はないかしら」と相談され、この本を推薦した。

こうして結さんと私がひとり芝居「地面の底がぬけたんです」公演を始めるのは二〇〇一（平成一三）年十月から。結さんが構成・演出・主演し、私は裏方として制作・宣伝を務めた。

主人公藤本としは一九〇一（明治三四）年東京に生まれ、十八歳の時にハンセン病を発症。絶望の末に自殺を図るが果たせず、以後療養所を転々とする間に全身が麻痺し、四十七歳の時に失明した。にもかかわらず、舌で点字を読み、文章を口述し、いつも笑みを忘れず、病友に慕われた。そして一九八七（昭和六二）年岡山県の邑久光明園で亡くなった。享年八十六。

結純子さんの芝居は迫真の演技で、観客はまるで目の前で患者自らが語りかけているように感じた。例えば福岡で見た人は「客席と一体感があり、ひきつけられる演技で、生きることの素晴らしさ、小さな幸福の大切さ、希望と勇気をいただきました」とアンケートに答えている。

また東京で見た女性は「藤本としさんの品性あふれる人格のすばらしさ、言葉の美しい響き、ハンセン病をまっすぐ受け止め、生き切った姿を結純子さんが見事に表現してくださり、感動いたしました」と。

一般社会の人はハンセン病と聞いても実態はよく知らない。この芝居を見て初めてどういう病であり、どういう苦難を体験したのかを知る。かくして患者をひとりの人間として認め、心を寄せ、自分の人生を振り返るのである。

この公演は二〇〇一（平成一三）年五月、元患者たちが訴えた「違憲国賠訴訟」で熊本地裁が国の強制隔離政策の誤りを認め、元患者に謝罪し賠償を支払うように命じた——その余熱がある間にスタートしたので、新聞等で大きく報道され、各地から公演の問い合わせが殺到した。

とりわけ熊本県はハンセン病と因縁が深く、過去に幾度も「差別事件」が起きていたので、この公演に対し関心が強く、私たちは毎年招かれ、最初は合志町文化会館で、次に熊大百周年記念館、さらに県立劇場で公演した。この時は潮谷義子県知事が見えて開演前に舞台からあいさつをされた。

その後も県当局はハンセン病の啓発に熱心で、その支援を得て熊本農業高校、多良木高校、玉名高校でも公演することができた。多良木高校での公演は百回目の記念すべき公演だったので、マスコミ各社から取材を受けた。

大阪からスタートしたひとり芝居「地面の底がぬけたんです」は北海道から沖縄まで百十三回公演した。主催したのは自治体だけではない。市民有志も実行委員会など作って主催してくれた。どこの会場でも観客の反応はすばらしく、結さんも私も大きな励ましをもらった。

＊

ハンセン病は戦前「業病《ごうびょう》」と恐れられたが、実は「らい菌」による軽い感染症で、戦後は「プロミン」など特効薬が出来て完全に治る病になった。にもかかわらず国の誤った隔離政策が九十年も続いたため人々に恐怖感を植え付け、偏見と差別を助長した。

患者は病が治っても故郷に帰れず、親の死に目にも会えなかった。差別は患者だけでなく、その家族も苦難を強いられた。

患者に続いて家族が訴えた裁判でも二〇一九（令和元）年熊本地裁は人権無視を認め、国に損害賠償を命じた。全国に十三カ所ある国立ハンセン病療養所は「らい予防法」廃止後、広く社会に開かれ、一般の人も訪れるようになったが、偏見・差別が完全になくなったわけではない。

私は偏見・差別は無知と誤解から生まれるのだと思う。無知と誤解が恐怖と不安を招き、人を差別し、傷つけ、自分自身をも苦しめるのだ。

したがって偏見・差別から解放されるためには何より「事実」を知ること、ハンセン病に対する「正しい理解」が必要である。

『忘れえぬ子どもたち』の初版が出たのは藤本フサコさん八十歳の時だったという。あれからすでに二十五年。本はここ数年品切れ状態だったので、この度増刷することにしたと不知火書房の米本慎一さんから聞いて感慨無量である。

本書は今読んでも少しも古びていない。ここには「教育の原点」があり、この回想記はハンセン病に関する貴重な「時代の証言」になっている。

私は長年藤本さんと年賀状の交換をしてきたが、今年百五歳と聞き、びっくりした。いま介護施設に入っておられるそうだが、とにかく「健在」でおめでたい限りである。

二〇二二年四月吉日

藤本フサコ（ふじもと　ふさこ）
大正6年熊本県生まれ。県立第二高女（現在第一高校）を経て昭和11年、女子師範卒業。
同年4月より21年3月まで小学校勤務。37年6月復職、50年3月退職。
「舫船」会員、「水甕」若葉支社公孫樹短歌会会員。

忘れえぬ子どもたち　――ハンセン病療養所のかたすみで

1997年9月20日　初版発行©
2022年7月10日　新装版発行

定価はカバーに表示してあります

著　者　藤　本　フサコ
発行者　米　本　慎　一
発行所　不知火書房

〒810-0024　福岡市中央区桜坂3-12-78
電話　092-781-6962
FAX　092-791-7161
郵便振替　01770-4-51797
印刷／青雲印刷　製本／岡本紙工

落丁本・乱丁本はお取替えいたします　Printed in Japan

ISBN978-4-88345-138-8　C0036